U0453564

立人天地

父母怎么做，孩子不掉队

How To Keep Your Child Out of Special Education

[英] 安·柯尔·格林伯格 著
饶亦丰 译

黑龙江出版集团
黑龙江教育出版社

黑版贸审字 08-2017-119号

图书在版编目（CIP）数据

父母怎么做，孩子不掉队 /（英）安·柯尔·格林伯格著；
饶亦丰译．— 哈尔滨：黑龙江教育出版社，
2017.9（2021.6重印）
ISBN 978-7-5316-9631-5

Ⅰ．①父… Ⅱ．①安… ②饶… Ⅲ．①家庭教育
Ⅳ．① G78

中国版本图书馆 CIP 数据核字（2017）第 235836 号

父母怎么做，孩子不掉队

FU-MU ZENME ZUO, HAIZI BU DIAODUI

作　　者　［英］安·柯尔·格林伯格　著
译　　者　饶亦丰 译
选题策划　王春晨
责任编辑　王海燕
装帧设计　Amber Design 琥珀视觉
责任校对　张爱华

出版发行　黑龙江教育出版社（哈尔滨市南岗区花园街 158 号）
印　　刷　北京时尚印佳彩色印刷有限公司
新浪微博　http://weibo.com/longjiaoshe
公众微信　heilongjiangjiaoyu
天 猫 店　https://hljjycbsts.tmall.com
E-mail　heilongjiangjiaoyu@126.com
电　　话　010—64187564

开　　本　700 × 1000　1/16
印　　张　10
字　　数　90 千
版　　次　2021年6月第1版第2次印刷
书　　号　ISBN 978-7-5316-9631-5
定　　价　38.00 元

父母怎么做，孩子不掉队

目录

How To Keep Your Child Out of Special Education

序

如果你用13年的时间从事一份你觉得自己不适合，也不能理解的工作，拼命地取悦老板，一直为同事们对自己的看法担惊受怕，你感觉如何？这听起来很糟糕，但这就是许许多多幼儿园到12年级的学生的感受。在美国，有接近700万学生接受特殊教育，每年大约有120亿美元的经费花在特殊教育上，这是因为有些孩子必须通过特殊教育才能在学业上获得提升。还有许多孩子则处于需要接受特殊教育的边缘，如果他们在家里、社区里以及学校里能得到适当的帮助，那么完全有能力留在常规教育的环境中学习，本书的内容正是针对这些学生。我写这本书的目的，旨在告知和帮助家长，让他们能获得适当的教育辅助手段来帮助自己遇到困难的孩子，最终避免让孩子接受特殊教育服务。

作为家长，你一定希望自己孩子的学习能一帆风顺，顺利完成学业，发展一段长久又温暖的友情，并准备好在毕业后融入社会。如果你的孩子需要他人的帮助才能在学校里获得成功，那么你会乐于为孩子寻求帮助。你不愿意让孩子因被贴上不好的标签而感到难堪，你担心一旦孩子被认定为接受特殊教育的学生，那么就很难再回到常规教育中来。我理解类似的担心，很多学生在被评定为特殊教育学生后，以后的学习生涯都没能摆脱特殊教育服务。你希望帮助孩子在学习上重拾信心，并且使用特殊教育以外的方法，却无从下手。这本书可以帮助你，告诉你如何才能实现自己的这个目标。

为什么写这本书

我有临床心理学方面的博士学位，拥有临床心理医生资质并有资格担当学校的心理医生。在过去的25年里，我在医院、诊所、大学、私人机构中都有任职，学校当然也不例外。我在学校做心理医生已经15年了，接触过各式各样的学生，这些学生有不同的成长环境、宗教背景、种族文化背景。我之所以写这本书，是因为许许多多的家长来找过我，表示了他们对于孩子的担忧，却不知道怎么做才能帮助孩子。家长们能做的，其实比他们认为的有力得多。他们只是不知道哪些资源能帮助孩子，不清楚该如何为孩子获取这些资源。家长不了解周围存在的资源，可能是因为他们已经习惯了私立学校的教育，而私立学校所提供的资源要少于公立学校；也有可能家长不是在美国长大；还有可能是孩子之前根本就无须这些辅助学习的服务。最后一种理由最容易引起家长莫大的恐慌。

有些时候，家长完全是杞人忧天，他们对孩子的预期超出了实际，完全脱离了孩子的年龄或发育水平。可能孩子在某一科目上表现得不尽如人意，家长就一下子得出了他学习不好的结论，事实上从整体来看孩子的表现并不差。家长过去在学校的亲身经历，无论好坏，都会影响对自己孩子的期望。

我在工作的每一天里，都能看到学生们努力学习，不断成长，从特殊教育中受益良多。我并不否认特殊教育对许多学生有很大帮助，一旦离开特殊教育，他们就难以取得进步。但是，根据我接触的大量学生和家长，从他们的言论来看，他们一定会因依赖特殊教育服务而后悔。如果学生在学习上只是遇到了一般的困难，那么他们完全可以活用家里、学校里以及社区中的辅助资源来克服困难，从而避免接受匆忙的特殊教育。当然，这需要家长和孩子都下

定决心，付出很大的努力，并能保持耐心，坚持到底。

我坚信付出必定会有回报，作为一名教育者以及一名家长，我相信一个人应该倾尽全力，想尽一切办法来帮助自己的孩子在学习上能重回正途。无论孩子是需要特殊教育的帮助，还是在学习上暂时性地遇到难关，这都不会错。我为自己的一个女儿支付了发音理疗的费用；我会在需要时起个大早送另一个孩子去学校参加补习班。这一切确实令人痛苦，但对孩子的成长来说不可或缺且至关重要。

工作中的例子

6岁的达纳是个一年级学生，她的母亲和老师都为她在课堂上的表现忧心忡忡。达纳的老师们都说她是个开朗、友善、有上进心的孩子。但老师也表示她在运动技巧，特别是书写上存在问题。她看起来握不住铅笔，字写得歪歪斜斜，就算努力尝试，还是要花费大量的时间才能抄写完句子。达纳的好朋友正在接受特殊教育，在她参加的众多项目中，作业疗法是其中之一，这让达纳的母亲认识到存在这样的辅助项目。达纳的母亲相信自己的女儿需要帮助，但她不确定困扰女儿的问题是否严重到要用特殊教育。此外，她不希望自己的女儿被划为接受特殊教育的学生一类，她只想让女儿接受帮助就好了。

达纳的母亲私下里向她所在社区的作业治疗师进行了咨询，治疗师在达纳放学后对她进行了指导，教她正确的运动技巧。她教达纳如何正确地握住铅笔，传授她工整地书写的窍门，并鼓励达纳用键盘打字。此外，达纳的母亲每天都提早 30 分钟送女儿到学校，让老师能辅导她做额外的书写练习。就这样，达纳不断地取得进步，她能握住铅笔了，写的字母不再东倒西歪了，书写速度提高了，新掌握的打字技巧也让她感受到了自己的成长。虽然达纳的母亲支付了一笔治疗费并且要提早送达纳上学，但她依然感到欣慰，因为达纳并没有因为接受治疗而缺课，而且她的自信心得到了保护，最重要的是达纳在学业上重回正轨。妈妈看到自己的努力获得了回报，感到很高兴，她的女儿在自己活用社区资源的方式下不仅没有动用特殊教育，还成功克服了困难。

达纳的母亲找到了一种方式，让自己的女儿在常规教育范畴内解决了遇到的困难。这本书能帮助你找到各种方式，并选出最佳的方式来满足孩子学业上的需求。

如何使用本书

本书既不是一本教科书，也不会告诉你哪个特定的学区或社区有哪些资源可供利用。相反，这本书能告诉身为家长的你，无论孩子所在的学校是公立还是私立、宗教还是非宗教、传统还是非传统，如何才能凭借自己的力量找到孩子所在社区中的各种类型的学业辅助项目。这本书还能教会你许多足不出户就能给孩子带来极大帮助的方法。

在每一章结束的地方还会有重点归纳以及一系列让你思索的问题，帮助你制订并完善一套帮助你孩子的计划。各个章节分别告诉你如何了解孩子当前学业上的状态、你可能存在哪些误解、你和孩子对学业的看法、在家里帮助孩子的方法、如何管理时间和利用社区内的资源、介绍学校中的一系列特殊教育以外的学业辅助项目。当你认定应该让孩子接受特殊教育时，本书也会给出一些指导。如果你希望自己的孩子能在学校中更加得心应手，并决心付出一定的努力达到目标，那么本书正是为你而写的。翻开下一页继续阅读，让我们一起努力，认识到孩子在学业上的需要并解决他可能面临的问题。

第一章

孩子发现自己不善于学习

父母怎么做，孩子不掉队

当一个孩子在学校中遇到困难时，家长忧心忡忡又手足无措是完全合乎情理的。掌握孩子学业表现的具体情况和可以帮助孩子的方法，才是对孩子最有益处的举动。目标是尽一切可能辅助孩子，争取让孩子在常规的教学环境中成长。

为什么要在意孩子在学校的表现

作为家长，我们都希望看到自己的孩子在学校学到知识并成长。当看到孩子难以掌握概念和技能，日复一日地生活在困惑不解和挫败感中时，谁都会痛心。不仅仅是对孩子，对整个家庭来说，做家庭作业都成了一种折磨。那么多的孩子在学校里得心应手，为什么我的孩子停滞不前？我又能做些什么来帮助他呢？我作为一名受雇于社区学校的心理咨询师，经常能遇到面临这些问题的家长。

有些孩子在学业上难以跟上进度，本书旨在帮助这些孩子的父母渡过难关。这些孩子在学习中遇到轻微或中等程度的困难。他们缺乏良好的学习习惯、运动有些不协调、不善言辞与表达。他们有些有正常水准的认知水平，有些只有中等偏下的智商水平。这些孩子在归纳整理他们的学习材料时受挫。他们虽然表现良好并受

到老师们的好评，但不能保证长时间专注于学习。尽管有这样那样的缺点，但这些孩子也有 4 个关键的优点：行为举止端正、在乎自己在学校里的表现、有学习的动力、渴望获得成功。

你作为家长，充满了焦虑，想帮助自己的孩子重返正确的轨道并在学校中表现出色，却不知道如何行动。你知道存在特殊教育这条途径，但不到万不得已，不愿接受自己的孩子需要接受特殊教育这个事实。

事实上，如果孩子有机会得到良好的辅助，确实有很多理由让他远离特殊教育。孩子应该尽可能地在主流的班级中学习，同时对他进行有针对性的特别辅导。这让孩子得以生活在平常的环境中，与适龄的同伴一起得到心理上、生理上、社交上以及情感上的成长。许多孩子和家长都对特殊教育有着负面的偏见。孩子会觉得自己“不聪明”，并经常在社交和学业方面感到自卑。家长也常常会在自己孩子的弱点成为“事实”时感到窘迫，他们希望孩子能接受学业上的辅导，但不想要那张“标签”。

家长们同时还担心特殊教育会将自己的孩子归类到难以从高中毕业的群体，担心孩子毕业时拿不到标准文凭或能反映高等教育成果的文凭（如校董、国际文凭），仅能拿到一张特殊教育文凭，这或将导致自己的孩子在今后就职或升学时遇到麻烦。

同时特殊教育还会消耗大量的时间，因为家长需要花更多的时间向老师、心理咨询师以及其他特殊教育机构员工咨询，需要完成书面申请，还需要参加相应的会议。对于学区来说，特殊教育机构也会消耗更多的时间、人力以及物力，这些都将最后转到身为纳税者的家长头上。美国每年都会花费大约120亿美元的联邦资金用于特殊教育。目前美国有近700万接受特殊教育的学生，很多孩子都面临困难。

特殊教育并非一种设施而是一类服务，在一些孩子的学业发展上是不可或缺的。本书并非面向那些智力迟钝、有严重情绪障碍、受过创伤性脑损伤或有其他显著缺陷的孩子。本书意图帮助那些在学习中遇到轻微或中等程度困难的学生，从而让他们能继续在常规教育环境中学习，无须特殊教育服务。

孩子在当前的年级应该学到什么

你的孩子很可能在稳步正常地成长，而你的担忧完全是多余的。有时家长们对某个年级学生的知识水平有误解，这一点可以通过与老师、校长的交流而轻易化解。尽管图书馆和书店里有大量介绍各个年级相应课程的书籍，但人们应该意识到不同学校或学区

对课程进度的要求是不同的。你或许会因为自己上一年级的女儿还不会乘除法而感到担忧，但这些知识其实是在三四年级时才会学习。消除类似的误解能帮助家长认识到自己孩子的发展其实是处于正常水平的。

你对“校园表现成功”的定义是什么

还有一种可能，那就是你对“校园表现成功”的定义与老师有所不同。许多家长，尤其是那些自身在学业方面非常成功的家长，认为平均成绩一直保持优秀是“校园表现成功”的标志。公共学区的学校则定义“校园表现成功”为平均成绩及格，学生能完成符合年龄平均水平的学业，保持及格，确保可以毕业。虽然人人都渴望能高于平均水平，但这并不是“成功”的定义。并非每一个学生都能成为尖子生，期许孩子成绩一直保持优秀，对孩子而言有莫大的压力，期许孩子能一直努力付出才是值得提倡的。

有时，一所私立学校会认为学生们应该保持优秀或良好的成绩，仅仅及格会被等同为失败。有时家长在支付额外的学费后认为孩子会取得好成绩。有些私立学校的老师告诉我，他们学校的管理层会督促老师们不要给出过低的分数，因为多付了学费的家长不喜欢差的成绩。学校也会在发布实际成绩的同时强调学生的努力和表现，试图把水搅浑，这种被我称为“恭维性”的成绩非常误导人。我看到很多私立学校的成绩单上学生们的成绩还不错，但后面附着的具体评价就不那么令人乐观了。这种模棱两可的成绩单会误导家长，让他们相信漂亮的成绩，误认为自己的孩子处在更高的一个层面，而事实并非如此。我相信“真实可靠”的成绩单更好，它将分别给行为规范、努力程度和学习表现打分。有礼貌、课堂表现良好确实不可多得，但这并不能弥补阅读理解能力的不足。将多次测试的结果平均确实是可行的，但将良好的表现与欠佳的分项能力进行平均则是完全不可理喻的。

学习并非一项竞技运动

有时家长在听到别人家的孩子表现很好后会开始忧虑，布鲁斯在数学方面名列前茅并不意味着拉里的数学就很差。有的家长就喜欢赤裸裸地炫耀，那就让他们享受去吧。就算别人的孩子确实是个天才，也不能成为你批评自己孩子的理由。你的孩子也是独一无二的，有自己的人格、长处、缺陷、兴趣以及对人生的看法。

了解孩子的真实表现

如何才能了解孩子在学校中的真实表现呢？先从收集孩子的成绩单、家庭作业和课堂作业着手吧。仔细地审读并详细浏览老师的评价。滤掉评价中那些恭维、鼓励的部分，找到言之有物的东西。你会发现什么？是不是拉塞尔的记忆能力不错，但缺乏逻辑思维能力？珍妮是更倾向于使用课堂上学到的新词汇，还是依赖相对简单的词汇或诸如"这个""那个"这样的代词呢？你的孩子课堂参与度高吗？他偏向于直接问问题，还是从之前的课程或生活经验中找答案？老师的评价是否存在固定模板？你是否看到了一个不错的分数，之后却紧跟着与评分大相径庭的评价？比如在乔娜全是优秀和良好的成绩单上，老师盛赞她"能力出众，如果更加努力并富有学习热情，能有更大的成就"。虽然从成绩上来看乔娜"颇有成就"，但这条评价就表明老师认为她还要努力。

和你孩子的老师见面，老师在一个班中教 20 多个学生，并在多年的教学生涯中接触过许多学生。这让他拥有较为广阔的视野，能客观地比较和评价。问问老师对你孩子的大体评价，并一同讨论孩子的表现，和老师一起探讨成绩单以及布置的作业。

你可以问以下问题：

- 我的孩子在学校里看起来开心吗？他是否一直保持乐观？
- 他遵守学校的规章制度吗？
- 他在课堂中表现自己吗？会自告奋勇地回答问题并寻求认同吗？
- 他能很好地进行团队协作吗？
- 他能及时地交作业吗？
- 他是否经常需要帮助？一直很疑惑吗？是否能轻而易举地抓住重点？
- 他是否学会了利用教室中张贴的公告解决自己遇到的问题？
- 他的作业是否干净整洁、字迹清晰？
- 他的评论总能富有逻辑且切中要害吗？
- 他有朋友吗？其他孩子愿意带他一起玩、与他协作吗？
- 他的学业表现达到年级平均水平了吗？
- 他在班级中排在什么位置？
- 他是否有升学困难？
- 老师是否对孩子有担忧，但一直没好意思提出来？

仔细听他说并记笔记，如果有可能的话，最好父母一起检查孩子的作业并和老师交流。老师的担忧是今年新出现的问题呢，还

是以前也提及过的？老师又做了一些什么来帮助孩子解决问题呢？哪些方法卓有成效，哪些收效甚微？老师对孩子未来的建议是什么？

想要了解自己孩子的功课与其他同学相比水平如何，你可以要求看看学校中同年级学生的作业。它们有不少会被展示在走廊的公告板或教室的墙上。让老师给你看看普通的、大众水平的作业是什么样的，之后再看看优秀的模范作业又是什么样的，必要的话可以隐去学生的姓名。人们倾向于认为"平均"让人难以接受，这是大错特错。比如说，无论在什么范畴下，像身高、体重、跑步速度、智商之类的，大多数人都处于平均水平，这也是意料之中理所当然的。你把自己和明星比，然后得出自己是个废物的结论，难道不荒谬可笑吗。你当然不可能像乔丹一样擅长打篮球，也不可能和马友友一样拉得一手好大提琴。这毫无公平性可言——毕竟他们可是各自领域中的精英。相反，问问自己的篮球水平是否足以让你享受和朋友的比赛？当年练习大提琴的时候你听到的是美妙的音乐还是难听的噪声？你只要经过练习就能看到明显的进步吗？同样，期望自己的孩子在学校里完美无缺也是不公平的，期望他拼尽全力并不断取得进步才是合理的。只有在他确确实实地经过长期的努力还跟不上同班同学的进度时，我们才有必要担忧。

同时，别忘了和你的孩子交流，看看他对自己在学校里的表现以及功课有什么看法，你的孩子是迫不及待地想要上学，还是提到学校就怨天尤人？小孩，特别是年幼的孩子，并不一定能够或者愿意表达自己的情感。但是你总能从他说的话以及动作和神态中看出他对自己在学校中的表现感觉如何。

要特别留意的信号

在你查看成绩单和老师对作业和功课的评价时，是否发现有固定的套路？是不是年复一年、无论哪个学科的老师给的评价都差不多？举个例子："雅各布是个善良友爱的孩子，一直表现得很好，虽然他经常需要鼓励和反复重申题干，但他总能完成布置的任务。"表面来看，这个评价是在表扬雅各布能完成作业而且表现很好，但其中包含了不好的地方，就是相比同龄人，他需要反复地督促和引导。要是没有老师的特意关照，他不愿意开始行动。

回到家里，雅各布按照一套习惯了的流程写作业，他在桌前坐下，削好铅笔，摆正了尺子和橡皮，并翻开书，然后他就放慢了动作不知所措起来。他抬头看看窗外，低头看看书，再抬头看窗外。

他试图解答第一个题目，但他不确定自己的答案是否正确。他喊来妈妈帮忙，妈妈读了问题，问他觉得应该怎么做。雅各布毫无方向，于是妈妈又问他记的笔记上有没有类似的问题可以参考。在笔记本上例题的帮助以及妈妈耐心的指导下，雅各布终于有了思路回答第一个问题。

这时候，雅各布的妹妹哭闹起来，妈妈要去给她换尿布了。雅各布自己试了试第二个题目，不确定自己是否理解了每一个字。最终雅各布哭嚷着作业太难了，自己一个人完成不了。妈妈很想再去帮他，可她还要照看婴儿、整理床单、准备晚餐。妈妈因为雅各布总是对作业一筹莫展而忧虑。她相信孩子应该能独自，至少是靠自己能完成作业。按理说作业不应该让雅各布疲于应付。

妈妈去学校参加家长会的时候，看到雅各布的作业被钉在班级的公告板上。她也看了一下班上其他同学的作业，不少孩子的作业更加细致严谨，还活用了更多生词。虽然并非所有的孩子都是如此，但这足以让妈妈忧心忡忡了。在端详着公告板上的作业时，妈妈想起了雅各布前几天对学校的态度："今天我不想上学了，我想和你一起待在家里。"而且他最近老是说自己胃疼，放假时却安然无恙。妈妈知道自己必须做点什么来帮助他了，他的学习生涯还很长，无论是为了家庭还是自己，都必须努力学下去才行。

是否应该咨询

在交流中，雅各布的老师告诉妈妈自己尝试过哪些办法帮助他，效果如何。老师提醒雅各布多留意张贴在墙上的信息，如讲解各种硬币价值的画报、国家地图以及这周的生词表。从某种程度上说，这一招很成功，因为雅各布很乐意看各种画报；同样也很失败，因为如果没有人提醒他，他就完全忘了这回事，而且也不能一直理解这些信息对自己有什么帮助。

妈妈回想起邻居的女儿好像也曾面临过学业上的问题，并且最终克服了它。于是妈妈就问邻居是如何解决问题的，邻居推荐她去咨询学校的心理医生。听到这个，起初妈妈有些紧张，但邻居告诉她，其实一直都有家长和心理医生打交道。“你会担心和心理医师交流，这源于你的偏见和误解，我曾经就是这样。不要害怕，心理医生会教你许多能帮助雅各布的办法，我们听了很多建议，萨拉现在状态很不错。”

心理医生的职责

学校的心理医生提供内容广泛的服务帮助在校学生，包括与老师、管理人员、家长沟通交流或直接给学生建议；评估学生的认知水平、表现情况以及心理状态；干预可能出现的问题。校园心理医生制订干预计划，并提供合适的补救措施或特殊教育服务来提高学生的学业水平，使校园表现和社交状态变好。他们还能促成家长和老师与社区资源的联系，以此来帮助学生。校园心理医生还会通过教室巡视、信息交流会、家长老师协会的会议以及员工提升研讨会来分享自己的专业知识。

将你的忧虑告诉心理医生

预约校园心理医生，并告诉他你要和他会面的原因，这样心理医生就能腾出时间来解决让你忧虑的问题。不事先预约可能会遇到心理医生正在与其他家长会面或正在处理其他学生的问题。告诉他你孩子的全名、出生日期、所在年级以及负责的老师，这样心理医生就能到教室里观察你的孩子，并研读之前的成绩单和其他记录资料。这些准备工作能让心理医生了解你的孩子，让他在与你交流的时候心里对你的孩子有个大致的了解。会面时，告诉他你的忧虑，你观察到的孩子在家的表现，他对学业的态度以及其他可能遇上的特殊的问题（如视力问题，与同龄人交流时会害羞等）。

心理医生会和你一起讨论孩子的优缺点，通过交流，你能找到影响孩子学习的关键因素。心理医生会告诉你帮助孩子的可行的几种方法。有些能直接在学校中实施，有些则需要在家中实施，还有一些需要你与社区协作。

不少家长害怕自己的孩子要接受心理测试，他们怀疑自己的孩子需要接受特殊教育。家长之所以有这样的疑虑，是因为他们不知道还有很多其他的方法可以帮到孩子。有时朋友或老师操之过急，动不动就谈及特殊教育和心理测试。实际上测试本身并不能解决孩子的问题，测试甚至都不一定能与问题有联系。有这样一句古话："如果你手里只有锤子，那你看什么都像钉子。"

有时家长需求心理测试是因为他们不知道还有其他选项，有时也因为他们不理解经受心理测试对一个学生意味着什么。琼斯女士或许只是想确认一下自己的小女儿表现得和同龄人没有什么不同。她可能完全不清楚校区的测试是要确认小琼斯是否符合法定残障孩童的条件。如果琼斯女士本意不是让女儿接受特殊教育

服务，那么她的举动就是欠妥的。同理，要是琼斯女士不认为自己的孩子有残疾，那么为她申请参加心理测试完全是多此一举了。心理测试需要占用学生数个小时的课堂时间，需要消耗相关人员数个小时的时间，并需要昂贵的材料。只有当家长认为他们的孩子真的存在残疾，需要特殊教育服务时，申请心理测试才是一个正确的选择。心理测试并不能告诉你琼斯在班里表现如何，家长也不应该仅仅是为了满足好奇心，为了证实自己的孩子有多聪明而去申请测试（说不准你会失望的）。测试是复杂而又耗时的，并且影响深远。只有严重怀疑孩子符合学习障碍患者定义时才能采取这个方式。

许多问题并不需要测试就可以解决，你需要的仅是一点创造力而已。举个例子，鲍比在上三年级后发现自己跟不上学习的进度，开始抵触学校。这最终或许会恶化为复杂的厌学或招致不必要的心理测试。由于鲍比看上去对学习毫不在意，老师意识到他的智商与学习环境并不吻合。因此老师安排他每天前 30 分钟先去弟弟的幼儿园，在 17 个小孩子的簇拥和仰视下，三年级的鲍比找回了自信。通过这个创意非凡的主意，老师轻而易举地帮助鲍比平稳地融入了三年级的课堂，开始了愉快的每一天。

根据问题的进展与演变情况，心理测试可以算作是最后一步，但是永远也不应该首先就想到测试，因为它不一定有针对性，也不见得能解决面临的问题。心理医生以及其他校园工作者会想办法找到有针对性的解决方法。我们更愿意找到一个行之有效的方法来解决问题，最好能通过辅助，让孩子自己冲出困境。如果必须参加测试，我们会解释清楚的。当特殊教育必不可少时，我们再讨论细节。无论如何，我们一定会竭尽全力，尽可能地让孩子留在常规的教育环境中培养他们所需要的学习技能。

干预反应

一个孩子在家里、学校里、社会中接受的各种形式的帮助都能算是一种干预。举几个例子，一对一授课、小班补习、学校中的特定学习指导。恰到好处的干预教育有望帮助孩子在常规的教育环境中取得成功。就算一个学生的学业水平差到家长坚信特殊教育机构是必不可少的，想要获得特殊教育的资格也必须提供接受过足够长时间的针对干预教育但收效甚微的证明。干预反应是非常重要的，因为它不仅能暴露出学生的学习困境，还能给需要特殊教育服务的人以参考。虽然干预反应大多数指学校中的针对性干预教育，但当孩子需要时，基于家庭或社区的干预教育也是完全可行的。有许多种干预以及辅助的形式可以帮助学习陷入困境的学生。我将在第五章、第六章、第七章中更具体地介绍。

当一个孩子在学校中遇到困难时，家长忧心忡忡又手足无措是完全合乎情理的。掌握孩子学业表现的具体情况和可以帮助孩子的方法，才是对孩子最有益处的举动。目标是尽一切可能辅助孩子，争取让他能在常规的教学环境中成长。

本章重点

- 搞清楚孩子到底做得怎么样，检查成绩单及教师评论，把孩子的功课与同龄人的比较，与老师沟通。
- 当你看到老师同样的担忧三番五次地出现，发现孩子的功课落后于同龄人，察觉到孩子对校园生活感到不快，刻意表现糟糕或假装生病时，你应该格外警惕。
- 与校园心理医生沟通，和他讨论如何帮助孩子。家里、学校里、社区中都存在帮助孩子的方法，有许多的方法可以帮助你的孩子留在常规的教育环境里。
- 不要时不时地就要求孩子接受心理测试，测试或许并非如你所想，并且也不见得会对症下药。

要弄明白的问题

- 你会否为孩子的学业表现担心？你的担心是否多余？
- 孩子的学业水平究竟如何？
- 孩子对他自己在学习上的表现感觉如何？
- 你对孩子在学习上的表现感觉如何？
- 你能做些什么来辅助孩子的学习？

第二章
孩子渴望成功却不知道怎么做

How To Keep Your Child Out of Special Education

父母怎么做，孩子不掉队

有时候，孩子会为自己定下不切实际的目标，这注定会失败。对这些孩子，我们需要进行引导，让他们设定合理的目标，在体会成功的同时成长。告诉孩子“争做第一”固然不错，但是那些“第一”他们要“够得着”才行。

老师和家长的面谈

“提米在数学上的表现令人满意，”布林女士作为老师在三年级的家长会上说道，“他的数学基础很扎实，并且能牢记一部分乘法表。但是他的阅读水平就不尽如人意了，他能理解文字，却很难抓住文章背后深层的意思。”

“他无法理解什么呢？”提米的母亲忧心忡忡。

“提米很难抓住有联系的上下文之间的关系，他没法通过故事的前因推出它的结果。”老师这样回答道。

“请举个例子吧。”他的母亲说。

“昨天我们读了一篇一个男孩儿需要眼镜的故事，故事中男孩儿老是撞到东西或搞错眼前看到的东西。提米能够理解男孩儿不戴眼镜就视力不佳的事实，但是他却无法理解男孩儿两难的境地：不戴眼镜看不清楚，但是又为自己必须戴眼镜而感到难过。”

“你是怎么知道的呢？”提米的母亲这样问道。

“提米知道眼镜是用来做什么的，”布林女士回答道，“他能理解男孩儿之所以会撞到东西是因为看不清楚。但是在故事中，男孩儿戴上眼镜照镜子，看到自己像猫头鹰一样的样子感到惊慌又沮丧。提米不能抓住男孩儿沮丧和看到自己戴着眼镜的样子之间的联系，不认识‘惊慌和沮丧’这个词汇，不明白‘像猫头鹰一样’并非赞美，所以无法理解男孩儿的灰心丧气是源于眼镜让自己看上去丑陋。提米需要增加词汇量，并加深对语句传达意思的理解。”

提米为何陷入困境？是什么妨碍了他增加词汇量，并从字里行间找到预示深意的线索？是他的学习技巧不行吗？很明显，他自己也能清楚地感受到自己在阅读理解上的困难。他是否为自己辩解？是否在意同龄人对自己的看法？是否担心家长的想法和做法？

学习技巧不到家

“单词测试我怎么就没及格呢？我明明把词汇表背了10遍！”“我把这章读了两遍，但是还是不知道里面讲了什么。”这是不是听着很耳熟？很多孩子愿意认真读书，并且下了很大功夫，但事实上他们一直在做无用功。因为他们的学习方式没有效率。

我和许多学生讨论过学习，让我震惊的是，他们中只有极少数人受到过或正在接受正规机构的考试技巧培训。我自己也没有在学校中学到类似知识的印象。“不少老师教过我们一些小技巧，但他们从来没有系统地教过我们如何学习和应付考试。”这是大多数人给我的答案。我们通常在准备考试的时候，参加补习机构或私人培训，在那时接触并学习到学习技巧，在平时的课堂中不会涉及类似的知识。我私下里和学生的交流结果并不能作为严谨的统计数据来参考，但是足以让我意识到很大一部分学生并没有受到过这样的培训。老师们会进行火灾的防灾演习；家长会指导孩子如何在自行车上保持平衡。然而不知为什么，大家都相信孩子生来就应该知道如何学习。孩子们知道自己必须努力学习，但是他们往往误解了方向。他们需要知道的是如何有效地学习。

从孩子们的疑问中，可以看出应该针对哪些地方着重进行指导。“我该如何一心两用，一边听课一边记笔记呢？我尝试了一下，最后发现不知道自己记了些什么。”这个疑问告诉我们，或许应该教他哪些地方应该记笔记，哪些地方可以忽略。“我把这章读了3遍，还是不能理解它讲了什么。”这意味着这个学生不知道看教材和故事书的方法有什么区别。“我复习了一晚上啊！”这位学生的辩解恰恰说明了睡眠不足让他在考试时难以全神贯注。

也有一些学生会小视自己的能力或有一些自暴自弃的举动。你们家里是不是总是因为家庭作业剑拔弩张，因为苏兹总是拖到星期天晚上才开始写作业，有时干脆留到星期一早上在校车上解决？“唉，妈妈，反正老师也不会检查。”虽然她这么辩解，但老师显然会在那天检查苏兹有没有做作业，就算老师真的没有逮到她，那么最终害了谁？是她自己，她耽误了自己的学习，毕竟知识是为自己学的。

“我就是考不好，无论怎么努力，就是得不到好成绩。”事实上有许多考试技巧可以学习，也有不少技巧可以帮助参加考试的学生消除焦虑。类似的技巧不仅对存在学习困难的学生有帮助，还会让所有学生都受益匪浅。我们会在第六章和第七章中详细地讨论这些技巧。

孩子有强烈的意识

以上提到的问题会让孩子产生负面的情绪，不仅是对学校功课，也对学生自己。“我总是糊里糊涂的，不知道一件事该如何起步。老师帮助我起步以后，我也不知道接下来该怎么做，因为老师去帮别的孩子了。”萨拉珍妮这样抱怨道。那么萨拉珍妮都做了些什么呢？她坐在那里，摆弄着铅笔，偶尔会向其他孩子请求帮助，但大部分情况下都是自己消磨时间。她觉得自己无能为力，非常无助。她需要的是有针对性的学习技巧，伴以鼓励和反复的操练。只有这样，才能取得进步，最后跨越自轻自贱的想法。之前的经历教会了她贬低自我，好在我们还有机会纠正。

“我很笨，其他人都能听懂，都知道该怎么做，只有我一头雾水。”这样的抱怨并不少见。当你发现自己学某个东西很困难，其他人掌握起来却轻而易举时，往往会认为是自己出了问题。这种感觉会在周围更多人“掌握”了但自己依然一筹莫展时进一步加深。正如一位五年级学生对我说的一样：“别人可能叫我们绿组、知更鸟组、第四组，但谁都知道，这就是给那个阅读能力靠后的小组换个名字而已。”这种说法没有错，班里的每个人确实都知道哪个小组最好，哪个最差。但这些阅读能力很差的孩子并没有意识到其他人没有工夫关心他在哪个小组。

有效地学习旨在让学生能记住并理解信息，并把它们有的放矢地运用到具体的题目中。老师可以通过教学生将课堂中学到的知识运用于实际生活中，引导孩子们。有效学习不仅仅指在教室学习时的技巧，同时也包括在家里学习时的策略。既然学习方法并没

有所谓的标准答案，根据实际情况，我们可以学习并运用现成的策略。

我对学校“过敏”

你是否已经和学校的护士很熟了？鲁本是不是成了医务室的“常客”？鲁本又有多少次问你要创可贴或冰袋，抑或是向你抱怨头疼之类的？他是不是总是试图早退？是不是一到上学那天的早上，就说自己胃疼、头疼或得了什么稀奇古怪的病？怪的是一到学校春游、集会或运动会，他从来不抱怨胃疼。一些家长告诉我，当他们确定自己的孩子其实什么事都没有的时候，会通过让孩子错过他们想参加的活动来给他们上一课。“噢，强尼，你昨天不是胃疼吗，我今天可不敢让你挤校车去郊游。”另一部分学生因为被赋予的责任心与荣誉感而“痊愈”了。他们在乎这些，所以必须出现在教室里。不要在你怀疑孩子逃避学业的时候急着去寻求学校护士或心理医生的帮助。不能让孩子偏离常规的学校生活，要让他准时上学。务必要避免学业上的挫折最终转变为厌学。如果事情真的往厌学的方向发展，那么心理医生、护士、老师和家长需要合作，通过共同干预来解决问题。

学业上遇到挫折会妨碍重拾自信

除了上面提到的试图逃避学校，一个孩子在学业上遇到挫折还会导致其他形式的自暴自弃。部分类似的行为可能表面看上去是积极的，比如亚历杭德罗试图通过帮助老师来弥补学业上的挫折带来的影响。他会擦黑板、分发铅笔、把出勤表送到老师办公室。通过成为老师的助手就能摆脱学业上的重压，这对他来说好极了。事实上，他也确实因为这样的“好学生”行为受到了表扬。还有一种类似效果的行为在同学眼中或许不错，那就是成为班里的小丑，闹闹笑话，行为夸张，通过装疯卖傻来打断老师的讲课或吸引别人的注意。就算做过了头，最后被带去校长室，反正怎么也比待在教室里学习强。类似的情况，还有如沙尼瓜不交作业（他其实做了作业，但害怕错误连篇），并自以为自己“独立自主”并且“出人意料”。既然作业都没交，那理所当然就不会被打个糟糕的分数了嘛。沙尼瓜或许还会麻痹自己，说只有书呆子才在乎分数，酷小子从来不会在意分数和是否能按时交作业。老师可以通过根据努力程度而非答案对错给作业打分，避免这样的情况发生。

还有一种类型的自暴自弃，就是坐在教室靠后的角落里，希望没人注意到自己。不过这种行为并不容易奏效，因为老师经常会绕着教室走，有时“后排”成了“前排”。同时，如果一个孩子坐在后排，那么就更容易因其他孩子或事物分心。坐在前排的孩子能更清楚地看到黑板，随时准备和老师互动，最终激发对学习的兴趣。而遇到困难的学生普遍不会自愿回答问题，也很少会举手提问或给出意见。当这类学生遇到不懂的地方时，会忽略问题而不是通过询问老师来解决问题。这最终会害了自己，因为他们最后也没有弄明白自己不懂的地方。最终这个盲点很可能会在考试时暴露出来，那时他的解答很明显不可能正确。一个困惑的学生或许并不知道，教室里除了他可能还有很多同学都有同样的困惑。毕竟不太可能只有强尼一个人没有弄懂某个地方。我会鼓励学生遇到不懂的就问，毕竟他们来学校是为了学习，不懂的知识点很可能在考试中出现，而且他们提问题也能帮到其他不敢举手的同学。遇到困难的学生常常认为自己是那个“唯一”没有听明白的人。我告诉他们：“你没听懂的地方，班里至少还有3个同学也同样没听懂，这些同学也因为害羞，不敢举手提问。”如果强尼提问了，那么这几个同学会因为再听一次而如释重负。我会对他说：“强尼你看，你仅仅提了个问题就相当于做了次社区服务，帮了大家这么大一个忙！”

学生们必须对自己的学习上心，不然就主导不了自己的学业。如果一个学生因为太害羞而不敢在教室里当堂提问，那么至少应该课后私下问老师。如果老师能意识到学生不好意思在课堂上发言，那就再好不过了。老师对错误回答的粗暴对待很可能导致一个学生更不愿意参与到课程中来。当你对自己的相关知识自信心爆棚的时候，大庭广众之下被浇一盆冷水，说你的回答大错特错，这感觉真是糟糕透顶。更何况一个人本来就觉得云里雾里的时候，如果回答被毫不留情地当场否定，那结果将是毁灭性的。有不少能鼓励学生在课堂中活跃地表现自己的方法，这些我们将在第七章中详细说明。

学习陷入困境的学生

学习陷入困境的学生常常非常在意同学们对自己的看法。"每个人都嘲笑我。"这样的抱怨经常出现。遗憾的是，当一个学生回答错误或发表了不正确的观点时，讥讽和嘲笑确实有可能出现。一个老师需要做的是指责那些嘲笑的人以减少类似情况的发生，但事实上这很难奏效。孩子们通常会将被嘲笑的经历铭记于心，忘了更多时候他们毫无把握的课堂发言并没有成为笑柄，孩子们常常

过于在意别人对自己的看法，而意识不到其他人并非只针对自己。

有时，一个孩子希望得到某个同学的关注，他会猜测自己在对方眼中形象如何。“我被分到数学慢班里，贝特西不会喜欢我了。”如果确有其事，那么贝特西也不过就是个肤浅的人，不值得你的孩子为她付出友情。不过更多情况下，贝特西事实上对你的孩子印象不错。如果不是这样，那也是因为你的孩子曾经欺负过她，或是在操场上某次无意的推搡被错以为是刻意为之的，总之她肯定不会在意你的孩子在哪个数学班的。

“聪明的孩子都不和我一起玩，我的朋友也都是蠢货，只有蠢货才会和我玩到一起。”这样的言论说明孩子相信自己没有社会地位，得不到同学的尊重。但是在对课堂以及课间学生的表现进行观察后，往往能证明类似的言论纯属无稽之谈。许多成绩优秀的学生都开开心心地同学习水平稍差的同学一起玩耍，他们交朋友更看重的是对方的性格、人品以及是否有共同的兴趣，而绝非成绩的高低。陷入困境的学生或许过于在意自己在阅读能力方面的缺陷，忘记了自己在足球方面备受关注，在钢琴水平上力压群雄，拥有艺术家水准的绘画能力。他忘记了别人更在意的就是他这个人本身。学校管理层也应该致力于展示学生学业之外的天赋，像音乐、体育等，而不应该仅仅局限于学生的学业水平。这样的引导至关重要，能在精神层面帮助学生，增强他们的自信心，让他们发现自己更擅长的领域。

对惩罚的恐惧

有些孩子害怕家长因为他们糟糕的成绩而惩罚自己，害怕去不了朋友的生日派对，害怕零花钱被没收，害怕会挨一顿揍。类似的惩罚并不会很有效，惩罚并不能让孩子在学业上获得进步。要是你真的行，那每个学生都能出类拔萃了。如果一个学生因为花了太多的时间打游戏或看电视，导致没有足够的时间来学习，那么你确实需要根据程度的轻重引导他、教育他或是立下严格的规矩。这并不能算是一种惩罚，因为是你允许他玩游戏、看电视的。你可以把电视节目录下来，让孩子周末或完成家庭作业后再看，让孩子的兄弟姐妹也遵守“先做作业，适度看电视”的规矩，这样可以让规矩更加易于遵守，更加富有建设性，并且能让家庭氛围更加和谐。

恐惧会导致放弃

有些陷入困境的学生会变得灰心丧气，放弃了希望，选择逃避

学业。他们认为只要我不去做，那也就不可能失败了。一直让孩子有动力是非常关键的。承认孩子的努力，而不要只盯着他的成果。这对于重振孩子的信心，让他保持积极的心态至关重要。

有时候，孩子会为自己定下不切实际的目标，这注定会失败。对这些孩子，我们需要进行引导，让他们设定合理的目标，在体会成功的同时成长。告诉学生“争做第一”固然不错，但是那些“第一”他们要“够得着”才行。

对未来的恐惧

有些孩子对自己的弱项如此焦虑，以至于他们过分夸大了自己的缺陷，他们担心自己的缺陷永远无法弥补，担心自己的求学之路崎岖坎坷，害怕自己上不了好大学，找不到好工作，害怕自己的表现让父母失望透顶。“他们一定更爱我的弟弟，因为他是个全优生。”这样的学生不仅仅需要学会有效学习的方法，看到自己努力带来的进步，还需要通过接受心理咨询让自己获得对自我的认可，同时让他们找到解决问题的决心。家长也需要一起参加心理咨询，因为家长的参与和合作是至关重要的。若能将咨询的进展及时与老师进行沟通，那就再好不过了。

心理咨询

心理咨询就像一个庇护所，在这里孩子可以袒露自己内心最深处的恐惧。在心理医生的帮助下，他们能直面、处置并最终消除这些恐惧。在参加心理咨询时，心理医生会引导孩子，让他明白自己的恐惧是杞人忧天。孩子能认识到自己的恐惧会妨碍学习。心理医生能教会孩子一些放松身心的技巧。无论是考试中还是做作业时，当孩子开始焦虑时，这些放松的技巧能让他受益匪浅。在孩子和心理医生的共同努力下，我们可以从许多种学习技巧中找出并运用最适合孩子需求与个性的那一种。心理医生能帮助学生认识到自己在学业上的进步，并能让他们为自己取得的成就而感到自豪。孩子会开始发现自己并非一无是处，而是有可圈可点的地方。

本章重点

- 你的孩子或许非常努力，但他的学习方式却不是有效的；
- 孩子对自身以及学业非常关注；
- 孩子抗拒学校的表现需要引起你的警惕；

- 孩子面子受损会导致自暴自弃；
- 孩子在乎同龄人对自己成绩的看法；
- 孩子害怕父母会因为糟糕的成绩而惩罚自己；
- 孩子担心学业上遇到的困难会影响未来的学业、工作以及与家人的关系。

要弄明白的问题

- 你和孩子就他对自己学业的感受进行过讨论吗?
- 你的孩子的什么行为让你觉得他的学习方法没有效果?
- 你的孩子缺乏哪方面的学习技巧?
- 你的孩子对上学这件事怎么看?
- 你的孩子认为他的老师能帮到他吗?
- 其他孩子会因为你的孩子出错而讥讽并嘲笑他吗?
- 你的孩子会为自己辩解吗? 还是我行我素?
- 你的孩子花多少时间在学习上?

第三章

家长强烈的意愿会影响孩子的成长

How To Keep Your Child Out of Special Education

父母怎么做，孩子不掉队

在一个人遇到挫折或付出了很多却看不到回报时，继续努力是非常困难的。如果做的事情碰巧还是自己丝毫不感兴趣的，那就更难了，这说明这件事对他来说特别困难。这或许是一个先有鸡还是先有蛋的问题，到底是因为艰难才不喜欢，还是因为不喜欢才显得艰难。这两者会相互促进，给孩子带来负面影响。

对问题的否认

没有家长愿意看到自己的孩子在学业上有困难，如果孩子在学校里遇到问题，不仅会让家长感到沮丧，还需占用他们大量的时间来应对，以至于家长强烈地希望什么问题也别出现。在生活中，我们总会在碰到某些棘手的问题时希望它凭空消失。家长们希望自己的孩子学业方面的问题凭空消失是合乎情理的。相信我，你的孩子更希望如此。可惜仅仅希望问题消失并不能真的解决问题。

杰伊的父亲告诉老师："杰伊没有问题，我开窍就很晚。我的另外两个孩子也都很晚才开窍，后来学业都赶上来了，杰伊后面也会好起来的。"有些时候这样的说法是正确的，确实有的人开窍晚。但是大多数情况下，这样的言论都是无稽之谈。你有多少时间来证明孩子是大器晚成？基础知识的学习必须非常扎实，才能让后续的学习步入正轨。在没有完全搞懂旧知识的情况下学习新知

识会让学生一头雾水，这样他对新知识的认识和掌握程度也会非常有限。可行的办法是先试图解决一个小的问题，将那些困难重重的问题先放在一边。

“也许我们该换所学校。”这并不能让你远离学业上的问题。如果问题没有得到解决，即使到了新的学校，这些问题也会再次出现。仅仅转个学并不能让你的孩子突然学会三位数的乘法。虽然有时换一个新环境确实是值得推荐的方法，但是家长们必须明确新的学校是否有适合自己孩子的辅助教学项目。不考虑这些就匆匆转学，与其说是在解决问题，不如说是再重复一遍经历过的痛苦。

只有家长觉得无法与原来学校进行良好的合作，或是孩子因为学业上的问题在学校里遇到社交方面的困难时，换个学校重新开始才应该被纳入考虑范围。有些时候，可能某个学生就是更适合另一所学校的氛围。

尽管如此，大多数家长都不应该考虑转学。很难从同一个学区里找到另一所距离可以接受、价格又合适、理念上也符合要求的学校。更何况就算有这样一所学校，它也不一定愿意接收你的孩子。

“我没时间管这些，我很忙，我要花很多时间在工作上。我的孩子应该学会自己解决问题。”你的孩子迫切地希望能自己解决学业上的问题，但他无法独立做到。研究证明，孩子的大脑更易于接受新事物。等待帮助会让孩子错过这个难得的机遇，让他之后的学习更加艰难。你的孩子此时此刻迫切地渴求你的帮助，你的参与对孩子问题的解决至关重要。

感到自己低人一等

听到别的家长兴奋地讨论尖子班学生参加的野营，想想自己的孩子在学校里的表现却并不理想，心里忌妒也是理所当然的。你侄子的成绩单上总是写满了优，你侄女那一口流利的法语让她当选为法语俱乐部的主席，再看看自己的女儿实在没什么出彩的成绩让你也吹吹牛，你感觉自己仿佛被钉在了耻辱柱上。在你的女儿获得科学奖的时候，你没有兴高采烈地四处分享喜悦，而是担心她会被留在学校，没法和同学进行社交活动。你之所以认为她可能要留校学习，是考虑到她本人的感受呢，还是因为不知道怎么和圈子里的妈妈解释？你是担心她不能进行社交活动自己会被看不起吗？还是害怕她会觉得你是个“坏妈妈”？这一连串的想法和感受是完全可以理解的，很多家长都有同样的顾虑。但是，千万不能让这些影响你的决定。一旦深思熟虑之后，觉得这样做对你的孩子

最有利，就应该当机立断。

责备孩子

一个灰心丧气的父亲曾这样对我说：“我和妻子从来没有在学业方面遇到过麻烦。”言外之意是问题出在孩子身上。你很幸运，你的校园经历一帆风顺，但你的孩子并不是你，他是一个独立的个体，或许他在其他领域有自己的长处。

“我的孩子只有对一件事情感兴趣的时候才会行动，其他时候完全没有动力。”在一个人遇到挫折或付出了很多却看不到回报时，继续努力是非常困难的。如果做的事情碰巧还是你丝毫不感兴趣的，那就更难了，这说明这件事对你来说特别困难。这或许是一个先有鸡还是先有蛋的问题，到底是因为艰难才不喜欢，还是因为不喜欢才显得艰难。坏消息是，它们两者会相互促进，给你的孩子带来负面影响。

“她就应该完成并做好作为学生的本职工作。”她要是能做到那些，没有理由不这么做。“我女儿缺乏学习的技巧，对基础知识掌握得不够牢固，不知道如何才能靠自己摆脱困境。”其实她并不是因为好玩而故意惹出乱子，她需要你的帮助和指点。

“我的儿子就是懒散而已，所以成绩才那么糟糕。”你的孩子不见得比别人更懒散。孩子（也包括成年人）都精力充沛，并把这些精力用在自己想做又能做的事情上。看看罗伯塔还有姜，为了得到的 1 分而满场飞奔，艾伦和詹姆斯跟着音乐老师的指挥激情四射地敲着鼓，尼尔愿意花费几个小时耐心地拼凑各种飞机模型。有些人就是更加擅长把自己的精力用到恰到好处的地方。不过这样的技巧并非是少数人的专利，只要经过正确的辅助和引导，谁都可以做到。

责怪老师

“我的孩子要是能遇上个好点的老师一定能表现得很好。”许多家长向我表达过这样的观点。老师太年轻了、太老了、太严厉了、不够严厉、缺乏经验、应该退休了。班里的学生太多了，老师分了太多神去指导其他学生。我的孩子不喜欢史密斯老师，她太小气了。史密斯老师不喜欢我的孩子，我也同样不喜欢她。史密斯老师就是教不了书，她的课让人昏昏欲睡。她的课太难了、太简单了、太复杂了、太长了、太短了。“我虽然是个家长，但是我曾经教过书，所以我懂史密斯老师。”一部分家长对史密斯老

师也赞不绝口，也有另外一些家长对她深恶痛绝。满教室的家长永远不可能达成共识。

是老师告诉你，你的孩子学得不太顺利。是老师捅破了那层窗户纸，对着“传话筒”发泄一顿确实能让人出一口恶气，但这并不能提高孩子的阅读能力。要是你贬低老师，那孩子就会失去对老师的尊敬，这会妨碍他接受老师的指导。一味地责怪老师是于事无补的，也会导致你看不清问题的全貌。和老师互相配合，才是对孩子最有利的帮助。如果老师真的需要别人告诉他对孩子的教育方式有问题，那么最合适也最妥当的人应该是这位老师的监督者。

父母彼此责怪

家长的言论还反映出互相责怪的趋势，有时责怪配偶的人显得更有问题。“发现问题在我们家归爸爸管。”“妈妈对孩子太严厉了。”或者情况反过来。“爸爸太溺爱孩子了。”“爸爸一直在外面出差，回到家从不唱黑脸，由我来告诉孩子做完作业前不准看电视。”这些言论在我看来仿佛你觉得教育孩子的责任全都落在了你一个人的头上。即便如此，夫妻也不应该彼此责怪。责怪并不能解决问题，只会让家庭氛围更糟糕。想要成功解决孩子面临的问题，父母首先应该联合起来。互相讨论你们对孩子学业的期望，告诉彼此你希望怎么样，不希望怎么样。比如，孩子必须完成作业才能看电视；要是孩子在做作业，朋友打电话来，不让他接。

家里的保姆根本不管孩子的作业，你不应该将自己的责任抛到保姆头上，然后去责备她，她只是在为你工作而已。她需要你给她解释清楚对孩子的期望、告诉她具体怎么做、给她管教孩子的权力。

要是学习有困难的学生中有兄弟姐妹，那问题就更复杂了。要是兄弟姐妹中有学习碰到麻烦的，那复杂程度就更上了一个台阶。家长不得不把时间分配给所有的孩子。无论如何，这样的选择都无可厚非。对学习受挫的孩子倾注所有精力是欠妥的，尤其是这样会让其他兄弟姐妹错以为他们获得的成就被忽视了，他们的努力得不到表扬。作为家长，不得不同时操心好几件事确实让人身心俱疲。在你给家里的小婴儿读书的时候，你上二年级的孩子完全可以趁机练习他的拼写能力，这样在你读完书之后就可以马上检查他的学习成果了。鼓励你的孩子，让他们成为热心的观众，在你教育其他孩子的时候一直能从中学到些东西。

责怪自己

有些家长会责怪孩子、责怪彼此或责怪学校，还有些家长则会责怪自己。“一定是我做错了什么。”其实你唯一可能做错的地方，就是忽视了问题，没有落实到行动上帮助你的孩子。“我赚的钱不够多，我没有大学学历。”有许多学生在学业上经历过坎坷，虽然他们的父母受过良好的教育或能赚很多钱，但是不会有什么自动保护机制去保护这些人。“我不是一个好妈妈。”不，你是个好妈妈，就像你不会因为孩子过敏就成了一个坏妈妈一样，你的孩子在学校里需要额外的帮助，并不会让你变成一个坏妈妈。相反，你是一个忧心忡忡的妈妈，一个关心并且深爱着孩子的妈妈，一个急于去帮助孩子的妈妈。你会竭尽所能地去帮助自己的孩子，让他在学校里能表现得出类拔萃，因此你是一个很好的妈妈。

“都是我的错，我的孩子出问题都怪我英语太差了。我们是移民到这里来的，在家里不说英语。”是否是移民和你孩子是否遇到困难并没有因果关系。或许就算你仍留在原来的国家，你的孩子还是会遇到学习上的挫折。必须学习英语让整个问题变得更加复杂了，但是你的孩子一定能学好英语。就算你的英语水平有限，还是可以帮助、鼓励、支持他。问问老师、心理医生或校长，看看有没有学校工作人员或其他家长能说你的母语，要是有就和他们保持联系。他们或许能帮助你了解学校的规章制度，并和校方进行沟通，让你应付起来更加得心应手。除此之外，如果你参加了英语课程，那么就能以身作则地让你的孩子了解学习的重要性。

“我很想帮助我的女儿，但没法帮她讲解作业，我自己也不会。”这或许令人尴尬，但并不会影响你帮助自己的孩子。即使你对相关领域一窍不通，依然可以监督她、鼓励她。就像虽然你不会拉小提琴，但这并不影响你旁听并督促孩子练习小提琴一样。你可以和自己的女儿一起，参照课本中的例题来解家庭作业中的难题。同时还有热线以及网站来帮助家长和孩子解决作业中遇到的问题。你可以向学校的图书管理员询问适合你孩子所在年级的学生浏览的网站。或许家里还有其他人比你更擅长数学，可以让他们来帮忙讲解。

“我不知道具体该怎么去帮助我的孩子。”当你看这本书的时候，你已经开始帮助你的孩子了，你已经在为他学习中遇到的困难动脑筋，并开始查阅资料来了解如何帮助他克服这些困难了。

或许你会失望

家长们都梦想自己的孩子能飞黄腾达，憧憬自己的孩子强壮、高大、体育好、能歌善舞并且学习成绩出类拔萃。承认自己孩子的缺点就等于承认自己的幻想破灭了，要直面自己的梦想不可能成真这个事实并不简单，但是不要做白日梦，正视孩子的优缺点并接受现实是非常重要的。在孩子急需你帮助的领域，你能做到实事求是。这样他才能接受你的帮助并让自己的潜能最大化。

或许你希望自己的孩子在外语上能超过自己，这是因为你不擅长外语。但是你不应该包办孩子的人生，正如你有自己的成就，他也有自己的长处。你的孩子完全有权利拥有和你不一样的优缺点。或许你孩子的某个优点会让他在今后的人生中受益匪浅，这可比单单成绩出色有价值多了。不少专家就相信良好的社交技巧和职业道德观念从长远来看比学校里的好分数重要多了。

被告知孩子存在弱点确实让人很难接受，以至于人们常常会反射性地予以否认。因为类似的话听上去就像在指责一样。同时人们还倾向于将问题归咎到别人头上。归根结底，最好还是接受自己的孩子拥有自己的人格，有他自己独特的优点和缺点。人无完人，不要浪费时间为这种没有意义的东西暗自神伤。把你的精力投入到更有意义的地方去，为你的孩子找到合适的辅助手段来提高他的学业水平吧。

本章重点

- 家长常常否认自己的孩子在学业上存在问题；
- 当别人谈论他们的孩子在学业上的成就时，你或许会感到难堪；
- 家长会因为孩子遇到困难而责备他；
- 家长会因为孩子在学业上的困难而互相责怪；
- 有些家长会责怪自己；
- 在乎自己孩子以及他的处境是理所当然的；
- 你可能因为孩子达不到自己的预期而失望，接受孩子真实的一面可以让你和孩子都获得成长。

要弄明白的问题

- 你能认清自己孩子的问题吗？
- 你在你的朋友面前会感到难堪吗？

- 你会责怪自己的孩子吗?
- 你会责怪自己的配偶吗?
- 你一直因为孩子存在的困难而责怪自己吗?
- 你能接受想象中完美无缺的孩子只可能是镜花水月吗?
- 你能将孩子看作一个独立的个体，审视他的优点和缺点吗?

第四章
你的校园经历与孩子的没有可比性

How To Keep Your Child Out of Special Education

对于每一代人来说，无论是生活的时代，还是观念或所处的环境，都不相同。在你年幼时对你的成长至关重要的东西或许到了现在就不那么重要了。反之，你小时候无所谓的东西到了现在，或许已经必不可少了。

与父母的观点不同

你的父母或配偶的父母对学校的观点或许与你的观点并不一致，你的父辈们可能对孩子在学校的成就并不那么看重，因为他们或许经历过生存危机，比如贫困、迁徙、重病或战争。他们或许相对学习来说更加追求赚钱的能力。这种区别可能是由价值观、个人偏好或经济需求的差异而产生的。

他们过去积累的对求职就业的认识和现在的迥然不同。或许祖父辈就职的家族企业事先就确定了他们的职位。可能优异的成绩和较高的学历对于工作来说并不重要，甚至毫无意义。因为在他们的年代，只要到了相应的年龄就会分配工作。祖父辈或许更在意一些课堂外产生的问题。

在许多家庭中，人们并没有获得本科学历的预期，也不怎么在乎这张文凭。在某些地区，文凭甚至被认为是不切实际的，远不如

假期里相应的培训更有意义。社会需要熟练的汽车技师、理发师、裁缝、水管工、电工、电焊工等。这些社会迫切需要的职位都不需要你有一张大学文凭，这些职位需要不同于学校课程的技能培训，类似的培训显然将会贯穿整个职业生涯。

老一辈对男孩儿相对于女孩儿，家里的老大相对于其他孩子的教育预期或许也与你的观念不同。老大可能会被送去读大学，因为他是第一个出生的，相对弟弟妹妹有更高的地位。老大也有可能因为家里负担不起，没有机会上大学，不得不帮家里干活来补贴家用。等到家里的积蓄终于足以负担老大读书的时候，他已经过了学习的年龄，结果弟弟妹妹去上了大学。也有可能祖父母更加理性地分配教育上的支出，他们会根据子女的资质、拼劲、天赋和兴趣来衡量谁受教育获益更大。女孩儿可能就没有机会受高等教育了，因为她根据预期将会结婚生子，而不用外出工作，拿了大学文凭就“浪费”了。基于上述的这些想法，老一辈或许并不太在意一个孩子是否在学业上顺风顺水，只要他能通过其他方式给整个家庭带来贡献就行。

与之相对的，对一些家庭来说，家长对待学业的态度或许与家长的父母能完全达成一致。产生这种情况往往是因为整个家庭有压力，下一代必须培养出有为的学者来延续家族的传统。就像你不希望自己的儿子打碎那只你祖上传下来的花瓶一样，一个知识渊博的家庭绝不愿意培养出一个不学无术的孩子。就算孩子在其他领域中脱颖而出，展现出非凡的才干，家里依然不会放弃让他钻研学术的念头。抱着必须成为先驱者而产生的压力并不会比害怕掉队而产生的压力小。

对于每一代人来说，无论是生活的时代，还是观念或所处的环境，都不相同。在你年幼时对你的成长至关重要的东西或许到了现在就不那么重要了。反之，你小时候无所谓的东西到了现在，或许已经必不可少了。想想如今在社会中被广泛应用的电脑、手机、iPad以及其他类似的工具你就明白了。如今涉及电脑方面的职业在之前都是不存在的，你不可能改变自己成长时所处的环境，但必须意识到自己孩提时代的经验或许已经不合时宜了。你应该站在当下并展望未来，在此基础上给予孩子你认为对他有益的东西。

或许你的学业一帆风顺

我们觉得一件事情简单至极时，很难发自内心地理解这件事对其他人来说或许非常困难。有些人轻而易举就完成了学业，有些孩子在学业上一帆风顺，这时他们就很难理解在课堂中遇到难关的孩子的感受到底是什么。

或许你能回忆起自己一片坦途的学习生涯中偶尔遇到过小的挫折，法语词汇曾让你抓狂，混合除法运算曾让你挠头，也曾取得过糟糕的成绩或干脆没及格。类似的挫折只是你学习生涯的小插曲，它们带给人的感受与那些每日都要在学业上下很大功夫的人的感受是截然不同的。对于一个只是偶尔遭遇挫折的学生而言，他总是相信一切难关都可以依靠自己的努力来克服。然而一个深陷泥潭的学生很有可能会丧失希望，因为他从没有经历过足够的成功，以至于他不再相信自己的努力会带来回报。

有句俗语这样说，要想理解一个人，得先穿上他的鞋子走上一里路。我曾参加过一些旨在模拟各种障碍给人带来感受的项目。比如，有一个测试，让我透过一张有不规则小洞的纸阅读一本书，这个测试意在重现视觉障碍。还有一个测试是让我在耳朵里塞了棉花或耳塞的情况下听一个讲座，用来模拟听觉障碍。还有许多其他测试，如在眼镜片上粘上半透明的纸，用不惯用的手尝试快速书写，给一只脚上负重后去赛跑等。其中，有一个试图模拟注意缺陷障碍的测试，在房间里或窗外有视觉以及听觉干扰的情况下，让人集中注意力听清并记住老师讲解的内容。要想将各种类型的学习障碍都模拟一遍是不现实的，但至少有了大致的概念。你或许现在就想放下这本书去试试上面提到的一系列测试。我相信通过这些测试，你会对原本习以为常的东西有一些新的认识。

或许你的学习生涯历尽艰辛

虽然不少家长的校园生活可能顺风顺水，但并非所有家长都如此。回想起自己曾经在学校中步履维艰，你害怕这一切会在自己的孩子身上重现。如果你曾在学校中碰过壁，那么你或许会怪罪自己就是造成孩子在学校里遇到困难的人。正如之前说过的一样，孩子在学习中受挫并不是你的错，何况责怪自己也于事无补。打起精神来，活用自己的亲身经历，看看哪些方法曾帮助过自己，哪些又毫无用处。利用那些有用的方法去辅助孩子的学业吧。

过去困难的学习经历会给家长留下许多令人不快的回忆，如果经历过这些，你一定对回答不出问题或被其他孩子取笑时那羞愧万分的心情记忆犹新。或许你还经历过留级，眼睁睁地看着朋友们升到高年级，自己不得不和朋友的妹妹在一个班级里学习，更糟的是有时候你还要和自己的亲弟弟一个班。你不仅在学校里被人笑话，回到家也颜面扫地。

或许你认为自己从来都没能解决在学习时遇到的问题。你确实毕了业，参加了工作，结了婚，有了自己的孩子，但是那几门课程依然是噩梦。你和朋友一起去喝咖啡吃点心的时候，是不是很担心最后要自己来计算该出多少小费？你是不是怕一不小心算错了，给少了小费，得罪了服务员？你会不会干脆拜托你的同伴帮你算算“该付多少”，相信他们不会出错？你出门买新衣服的时候，会不会看到打8折的牌子时弄不准打了折的价格最终是多少？你逛超市的时候，能弄清哪种谷物更便宜吗？你不得不读使用说明或填表格的时候，会不会觉得手足无措？你是否害怕自己的子女也会终生笼罩在这样的阴影之下？

或许你的经历并不能给孩子提供帮助

基于你的亲身经历，当你的孩子在学习上遇到困难时，你会认为他孤立无援，毕竟当初就没有人帮助过你。这本无可厚非，但是情况已经今非昔比。

曾经，一个磕磕碰碰的孩子一度会被贴上懒惰、散漫、不学无术的标签，如今，教育者们意识到不同的孩子学习方式可能截然不同。教育的方法日新月异，有些孩子在可视化授课下吸收知识很快，另一些孩子则对语音教学的反馈更加良好。与此同时，仍然有不少孩子依赖机械式反复练习来掌握知识要点。因材施教、更加注重一对一形式的教育已经随处可见。在许多学校，班级的规模与上几代人上学的时候相比缩小了不少。不少人告诉我，在他们小时候，一个老师要带 40 个学生。而如今，一名老师，搭配一名助理，一同管理由 25 名学生组成的班级。

与教育相关的法律也改变了许多。从 1975 年开始，公法 94–142 规定，在美国所有孩子都有权利接受“免费且合适”的公立学校教育。同时也有法律进一步保护接受特殊教育或学业遇到困难的学生。如今你或许只是一个适龄儿童的家长，但随着孩子的成长，公立学校中的辅助项目也会不断升级。如果你选择了私立学校，学校方面或许不会提供类似的额外帮助。近些年来，对辅助项目的投入在增加，对它重要性的认识在加深。

如今你孩子的学校和你当初就读的学校已经截然不同，没准你曾经读的是私立学校，而你的孩子进的是公立学校。和你当年相比，孩子如今所在的学校或许拥有不同的资源、不同的预期以及不同的重点。你曾经的学校可能更看重宗教方面的教育，如今你孩

子的学校着眼于一般的学科教育。你孩子的学校可能更关注为孩子将来的大学学习打基础抑或强调孩子在艺术以及音乐方面的修养，而你曾经就读的学校则并非如此。就算是同一所学校，时代变了，不同的学校领导层或许有另一套教育哲学和方向，给急需帮助的学生们提供更多的辅助项目。

经历了一代人的时间，不仅学校有了变化，整个社区也变了，同时也带来了更多资源。公共图书馆就能很好地辅助教学，无论是其中的藏书网站还是社区志愿者提供的学业辅导都能让孩子受益匪浅。当地的组织，像青年男女俱乐部、青少年中心、教堂、亨廷顿学习中心，它们或许也能提供相应的学业辅助项目。随着社区资源数量以及质量的改变，整个社区也会随之改变。

当你面对学校、班级、作业方面的问题时，你总会自然而然地联系到自己的亲身经历。孩提时代的经历自然成了评判你的孩子如今学校生活的基准。你需要明白自己的父母当初遇到你现在遇到的问题时，或许面临着不同的压力，或有其他需要优先考虑的问题。这让他们在对待教育时会持有与你不同的观点。在班级的规模、师资、教育理念、教师态度以及可用的教育资源上，你孩子所在的学校和你当年的学校完全不同。如今，社会对需要额外帮助的学生更加宽容。

本章重点

- 祖父辈对孩子的看法或许与父母的看法并不相同；
- 祖父辈的时代环境或许与如今孩子所处的环境截然不同；
- 家长或许在学业上没有遇到过麻烦，这让他们更难看到一个在困境中的学生做出的努力；
- 有许多模拟测试能帮助你理解困境中学生的感受；
- 家长可能自己的学习生涯就不是顺风顺水，这让他对自己孩子的未来忧心忡忡；
- 孩子的学校或许和家长们待过的学校有很大区别；
- 社区内的辅助、社会上的态度以及法律都变了许多。

要弄明白的问题

- 你是否知道自己父母对教育的态度？
- 你自己的父母是否为你的学习提供过帮助？
- 你的校园经历如何？是顺风顺水还是困难重重？

- 你是如何将自己的经历与孩子的经历进行对比分析的？
- 你自己待过的学校与孩子现在的学校有哪些异同？
- 社区内有什么资源能帮助你的孩子学习？

第五章

家长在家里必须有领导地位

How To Keep Your Child Out of Special Education

父母怎么做，孩子不掉队

有些时候，你看到孩子在学习上步履维艰，会感到沮丧和生气。产生这些情绪很正常，但最好别在孩子面前表现出来，因为这样会让他更加难过，并最终影响学习。把你的情绪发泄给你的亲人或朋友，一定要确保孩子不会偷听你的埋怨。

营造一个井井有条的家庭环境

要想让你的孩子在学业上处于前列，为他营造一个井井有条的家庭环境是必不可少的。一个有条理的家庭环境能加深孩子的认识，让他意识到学校功课是父母最看重的东西。

井井有条的家庭环境是指家里干净又整洁，家庭成员们都能轻而易举地找到自己完成学校功课或其他业余活动所需要的东西。孩子有一个固定的、安静的地方来写作业。要有书桌，有一把结实又舒适的椅子，有抽屉、文件夹、纸箱、书架或其他用来摆放学习中必不可少物品的地方。所谓学习中必不可少的物品包括纸、铅笔、钢笔、直尺、计算器、字典、练习册、工具书，通常最好有一台电脑。

为写作业和其他如音乐课、运动之类的活动和琐事制定一张日程表，注意不要往日程表里写太多超出孩子力所能及范围的事

项。必须在保证充足的学习时间的同时，为孩子安排适量的休息时间。要是孩子成绩不太理想或总是表现得精疲力竭、反复无常，那就说明你订的计划过于严苛了。

10岁的珍妮在上小学五年级，她的日程表我帮她打印出来，贴在房间的门上：

- 3:30 校车抵达家里；
- 3:30—4:00 吃零食，和宠物狗一起玩，和家人一起放松；
- 4:00—5:00 做作业；
- 5:00—5:30 练习钢琴；
- 5:30—6:00 做家务，如整理书桌、择菜、打扫房间等；
- 6:00—7:00 和家人一起吃晚饭；
- 7:00—7:30 学习时间；
- 7:30—8:00 自由活动时间；
- 8:00 洗完澡后上床睡觉。

要是珍妮面临考试，那么她7:00—7:30就需要复习；要是不用准备考试，那么她可以在这段时间里看书。在珍妮7:30—8:00的自由活动时间里，她可以看看电视或陪弟弟下棋。一到8:00，她就要去洗澡并准备上床睡觉了。根据学校日程和家里需求的不同，同时也考虑孩子的年龄，家长可以为孩子量身定做最适合他的日程表。

珍妮的弟弟迪克才 6 岁，上一年级的他需要做的作业很少。虽然如此，他还是很清楚家里的规则：不能在珍妮学习的时候打扰她。迪克会趁着珍妮做作业的时候也完成自己的作业。因为他能更快地完成较少的作业，所以他可以在之后的时间里看看书、到外面玩玩、画画或和妈妈一起干点别的事情。珍妮也深知自己必须尽快完成作业，在迪克学习的时候也不应该打扰他。要是妈妈知道日程有变化，比如预约了去看牙医，她也可以事先和孩子一起讨论修订那一天的计划，把时间优先分配到学习上。双休日的时间可以留着安排一些长期性的功课、用来补上孩子落下的音乐练习或做些家务。

家长们可以尝试一些有创造性并且切实可行的方法帮助孩子完成学习。让各种新兴的科技为我所用，可以把电视节目录下来，让孩子做完作业后看。同样，可以把打电话或网上聊天的时间安排进日程表里，让孩子在不影响学习的情况下加强社交能力。家长需要帮助孩子制定一张日程表，不仅能为孩子的学习提供帮助，还能有效地满足家庭的日常需要。

药物产生的影响

家长不仅要给孩子提供一个安静整洁的环境，还应该为孩子准备健康、营养的食物，让孩子的身心能茁壮成长。适量的快餐和零食固然不会危害孩子的健康，但丰富、健康的食物必须占主导，带给孩子学习所需要的充足能量。可以适当地让孩子参与制定菜谱，这样就算挑食的孩子也愿意乖乖地吃饭。也可以让孩子和你一起在院子里或花盆里种蔬菜，这样既有教育意义，又能丰富孩子烹饪方面的知识。

对孩子的关怀还包括定期带他体检。当孩子在学习上遇到困难时，排除孩子在视觉或听觉上存在缺陷的可能性至关重要。凯特在读黑板上的单词时总是错误连篇，久而久之她就不愿意再主动举手读单词了，变得游离于课堂之外，其实她是因为看不清黑板才会一直出错的。一副眼镜就让她重拾了对学习的信心，并最终帮助她取得了进步。还有一些孩子在听力方面需要帮助。如果孩子经常耳部感染或感冒，最好带他到内科医生那里做一套完整的听觉评估，而不仅仅是随便参加个听力测试。

有些孩子的身体状况迫使他们不得不服用不同种类的药物，有时这些药物的副作用也会影响孩子的学习，如治疗哮喘的药物会让孩子坐立不安。要是你对孩子服用的药物有任何担忧，最好能和内科医生谈谈。不要自作主张地给孩子吃药或停药，因为这样可能会影响孩子的身体健康，或许换个药方就能更好地满足孩子的需求。

还有一些情况，孩子被诊断出某些病症，并会对学习产生影响，通常校方会推荐药物治疗，但家长非常抵触。类似的现象经常在孩子确诊为注意力缺乏症或其他精神及生理紊乱病症时出现。我个人既不推崇也不排斥药物治疗。公立学校经常因为要求家长让他们的孩子接受药物治疗而受到抵制，但私立学校其实有过之而无不及。我确实接触过不少通过药物治疗成功帮助学生排除杂念的案例。乔丹就是依靠药物治疗在二年级打了个翻身仗，老师在他的成绩单上的评价是“简直判若两人”。但我也同样见到不少学生尝试了好多次收效甚微的治疗，最终才找到合适的治疗方案。每个学年都会有不少家长向我抱怨说，他们不想让自己的孩子接受药物治疗，因为接受药物治疗会有副作用。没错，接受药物治疗确实会产生副作用，但是不接受药物治疗同样也有副作用。我们很少见到家长犹豫是否要给患有糖尿病、哮喘、咽喉疼痛等非心理方面疾病的孩子提供药物治疗。我完全能理解家长的顾虑，但是拒绝一个或许对孩子行之有效的治疗方法对于孩子来说不公平。我也建

议家长们不要太固执，和对孩子的类似病症很了解的内科医生开诚布公地谈一谈。要决定一个孩子是否需要接受药物治疗，家长首先应该和内科医生进行适当的讨论才行。

除了药物治疗，还有许多其他治疗方法可以帮到孩子。一年级的达肖恩在运动技巧方面遇到了麻烦，握不住铅笔，也用不好剪刀，他的父母就带他去找了职能诊疗师帮他提高手眼配合能力和抓握能力；二年级的凯兰则参加了语言障碍矫正来构筑词汇量，并了解了如何用语法表达语义；三年级的泽维尔在阅读理解方面问题很大，于是他的妈妈带他去见了视觉诊疗师，教会了他如何控制自己的眼部肌肉以便更好地聚焦并顺着字句看下去。我的许多朋友的孩子在接受了各式各样的诊疗后都或多或少地加强了他们的相应技能。但是，请记住，并非所有类似的诊疗都值得信赖或适合你的孩子，我建议最好在为孩子安排私人诊疗前能先咨询一下学校的心理医生。

上面提到的例子中，都是由家长亲自为孩子安排各种私人诊疗以辅助学习，并由家长承担相关费用。就算买了保险，私人诊疗的花费依然不是一笔小数目。我认识的一些家长不得不选择节约日常开销或加班加点工作来应付增加的支出。不过有时，仅仅是一两节诊疗课程就足以让你获得宝贵的建议以及解决问题的方法，之后你就可以依靠这些自己在家进行实践，免去了每周课程的花费。有一部分诊疗师会根据家长的收入实施弹性收费。要是家长选择与私人诊疗师合作，那么这些诊疗师就要先调查一番，然后制定对家庭最适合且最有利的方案。

更进一步

除了花钱进行药物治疗，家长还能选择其他方法来帮助孩子学习。每天问问孩子作业的情况，虽然你不应该替他做作业，不过在他遇到问题时点拨一下还是可以的。要是你的孩子需要大量的帮助才能完成作业，写个纸条给老师，让老师知道这个情况，因为类似的情况意味着相关知识点或许需要加深教一下。毕竟很有可能班里的其他学生在做作业的时候也非常吃力。

要是孩子因为生病错过了几天课，那么你应该帮他补上落下的功课，办法多种多样。孩子可以找同学问问落下了哪些内容，要是老师把布置的作业放在学校网站上的话，你的孩子可以自行查阅。他也可以在上课前或放学后找老师补习一下落下的功课。及时让落下功课的学生补上错过的内容是非常重要的，不然随着课程的深入他会一直处于劣势。找机会在放学后见见老师，告诉他自己

的孩子渴望学习的动力，这样能激发老师以更积极的态度看待你的孩子。

同样的道理，在非必要的情况下不要让一个学习已经很艰难的孩子请假。把牙医检查时间都预约在放学后，家庭旅游也放在学校休假的时候。要是第二天还要上课，不要让孩子熬夜。要是你不得不参加某个活动，如果带着孩子就早点回家，要么就让孩子待在家里，再找个人照看他，让他能准时上床睡觉。精疲力竭的学生是不可能学得好的。如果为了保证睡眠时间，让孩子晚两个小时去学校，那么他就错过了宝贵的两个小时的上课时间。

有些时候，家长必须做好吃苦头的准备。我的小女儿在中学的时候数学成绩很不理想，于是我每天早上 6 点 50 开车送她到学校，就是为了让老师能额外指导一下。我们两个都愿意早上 6 点就起床吗？当然不愿意，但有时你必须付出这些。桑德拉从此在数学上一帆风顺，她的老师及时的帮助以及她自己不懈的努力帮她取得了好的成绩，我也为她取得的成就而自豪。虽然每天早起好久让我苦不堪言，但我把这个当成一笔金额巨大的"投资"。

要是你的孩子在学校里遇到了麻烦，最好能保持和他老师之间的密切频繁联系。你可以靠电子邮件或家长老师之间来回传递的交流笔记本实现这一点。不要等到成绩单发下来了才关注孩子的表现，因为那时他或许已经落后很多了。如果你有什么疑问，就和老师约个时间出来谈谈，以此来了解孩子在课堂中的表现，并看看你和老师如何联手协作来帮助孩子学习。这样能防止问题突然出现，让你猝不及防，也能避免原本很小的问题慢慢发展到不可收拾。这或许会占用你一些工作时间或者你必须大清早赶到学校，不过这些付出能让你的孩子受益匪浅。

你也可以通过参与学校的活动来帮助你的孩子，通过这些活动，你不仅能了解孩子目前的具体课程，还能明白他在接下来的一年将要学习什么。去参加家长会、科学集会或音乐演出，就算你的孩子没有参与，你也可以对学校有个大致的了解。要是有可能的话，去给学生们读读文章，传授给他们你会的技能或单纯地辅助一下老师上课，就算只是偶尔露个面也行。年轻的学生们都迫切地希望在大人面前表现自己，都乐于展示自己的朗诵水平和艺术修养。我曾经工作过的一所学校每年都有一天的读书日，邀请一些校外人员为学生们朗诵故事。令我大吃一惊的是，学生们都很期待这一天的到来，那是他们一年中最期待的一天。

还有一种帮助孩子的方法就是你也成为一个学生，你有没有想要学的东西？马丁内斯女士就报名参加了英语班，在女儿做学校作业的时候她会坐在女儿身边做自己的作业。妈妈认真学习的样子鼓舞了女儿玛利亚，母女俩也会在遇到困难时互相鼓励，一起渡过难关。

不要让你的沮丧影响孩子

有些时候，你看到孩子在学习上步履维艰时，会感到沮丧和生气。产生这些情绪很正常，但最好别在孩子面前表现出来，因为这样会让他更加难过，并最终影响学习。把你的情绪发泄给你的亲人或朋友，一定要确保孩子不会偷听你的埋怨。把情感写进日记也是一种排解沮丧的方法，不过你最好保证别让孩子或其他人找到并翻阅里面的内容。

要是你对老师的教育方法有异议，直接和老师谈谈，了解一下细节。要是交流打消不了你的疑虑，可以要求与校长面谈。不要一上来就指责或贬低老师，毕竟你的孩子以后还需要他来教。你肯定不希望自己被校方视作麻烦，一旦学校认为你很难缠，他们以后可能都不太愿意同你合作。你很难弄清楚到底是老师的教学方法不适合自己的孩子，还是自己的孩子没有尽全力学习，还是老师和孩子性格不合拍，抑或是以上三者皆有之。让孩子换个班并非小事，虽然我见过换了班后效果很好的情况，但不可否认其中蕴含着巨大的风险。第一个风险是这样的行为给孩子传递了错误的信号，让他认为自己学不好都是老师的错，而自己则毫无问题；第二个风险是让你错以为自己碰到问题可以选择逃避，换个老师说不定孩子的表现不会有丝毫的起色；第三个风险是告诉孩子总有人会帮他，他无须自己解决遇到的问题。因为不一定能找到合适的班让你的孩子转入，所以学会在不完全理想的环境下如何生活，对你孩子的人生来说也是不可多得的一课。

持续不断地去寻找可以帮助你孩子学习的建设性的建议，翻阅这本书的你已经将此付诸实践了。继续去寻找其他探讨这个问题的书籍、网站或电视节目，有关孩子的学习问题，家长了解再多也不为过。

一直激励你的孩子

孩子在学习上遇到的问题是日积月累的，同样也需要花费不少时间来慢慢地解决。重要的是你必须理智地看待孩子在学习上的进步，哪怕是一点点微小的进步，也应该赞扬以示鼓励。表扬孩子，认可他付出的努力，展现出你对他取得的进步的喜悦之情。萨姆现在知道了一句话开头的单词首字母需要大写，要对他说“棒

极了”；吉尔原来 10 个单词只能拼对两个，但在上星期五的小测试中他拼对了 6 个，要对他说“真不错”。把写着这些赞扬的话的便条贴在冰箱上，这样家里所有成员都能看到。复制一份发给孩子的奶奶，分享孩子的进步和大家的喜悦，你的孩子会欢欣鼓舞的。

让你的孩子“不小心”听到你向别人讲他的进步，就“碰巧”趁罗杰在边上玩的时候告诉贝蒂婶婶，说罗杰能连着算 5 道两位数加法的题目了。在你给表妹琼打电话的时候，看到露露到厨房里来喝水，就赶紧跟表妹聊聊露露在阅读理解上的进步，使劲地夸她，就当作你不知道露露在身旁，就等着看露露喝着水忍俊不禁地掩饰喜悦的表情吧。

永远不要让孩子的兄弟姐妹或亲戚嘲笑孩子不佳的成绩和遇到的困难。要是你放任孩子的兄弟姐妹这么做，家里恶劣的氛围会打击他学习的积极性。不要和孩子的兄弟姐妹或其他亲人比较在学校中的表现，也不要允许其他人这么做。我承认所有人都会在心底暗暗地比较，但别说出来。芭芭拉心里非常清楚自己姐姐的表现出类拔萃，而曾经教过姐姐的老师也期待自己能延续姐姐的传奇。鼓励孩子的兄弟姐妹发现孩子的长处，总有一个长处能弥补孩子的缺点。艾伦或许对减法、除法一头雾水，说不定他的天赋在打棒球上。

相关人员要严守规矩

所有参与照顾孩子的人，像你的配偶、姑妈、祖父母，都应该保持步调一致，这样做很有必要。必须严令照料孩子的人不能欺负孩子，要保证孩子在完成作业之后才能看电视或玩电脑。既然祖父答应了开车送孩子去参加课后补习，那么他就不应该在孩子面前抱怨此行的麻烦。让艾米姑妈把孩子创意写作的作业贴在她家的冰箱上，这样每次孩子去她家玩都能第一眼看到自己的成果。在你的带领下，其他人都应该紧跟你的思路来辅助孩子的成长。

家长在辅助孩子学业的工作中扮演着重要的角色，他们在家应该以身作则，并努力营造出一个积极、有益的家庭氛围。

本章重点

- 营造一个井井有条的家庭氛围；
- 为孩子提供合适的药物服务或诊疗服务；
- 更进一步，自己也参与到孩子的校园活动中去；
- 保证孩子能补上错过的课程；

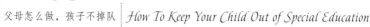

- 在孩子有需求时及时带他参加辅导培训；
- 别让你的沮丧影响孩子；
- 鼓励孩子，哪怕他只取得了一点点进步；
- 坚持让其他人也都能贯彻你的方针来教育孩子。

要弄明白的问题

- 你的孩子是否拥有一个井井有条、安静舒适的学习场所？
- 孩子手头是否有他必需的学习工具？
- 孩子的饮食营养丰富吗？
- 如有必要，你的孩子是否获得了他所需要的诊疗辅助？
- 你是否参与到了孩子的校园活动中？
- 你是否能在自己繁忙时还能为孩子多付出一些？
- 你是否尽量不把自己消极沮丧的心情传染给孩子？
- 你是否会鼓励、表扬孩子？
- 你是否坚持让其他人也都能贯彻你的方针来教育孩子？

第六章

管理好时间与资源

How To Keep Your Child Out of Special Education

父母怎么做，孩子不掉队

如何管理有限的时间和资源以便在学业上取得进步，学会这个技巧对一个学生的成长来说至关重要。在这个领域，家长的协助也不可或缺。家长应该帮助孩子获得或近或远的各种资源，训练孩子的学习技巧，给他相应的鼓励。

家庭作业的准备

许多孩子深信做作业要花费他们很多时间，并让他们吃不少苦头，做作业或许确实需要很多时间，但这并不代表就要吃苦头。要花工夫？没错。吃苦头？绝不。做家庭作业其实是一个不可多得的机会，让孩子能练习并巩固在课堂上学到的知识或技能。一个学生不可能在做作业时才第一次接触到某个学习内容。要是一个学生做作业时抓耳挠腮，那一定是因为他的学习方法不正确或无效。

学习方法要从自我督促说起，孩子必须准时带着课本出现在教室里，认真听课，积极地参与课堂互动。具体来说就是细心地听讲，融入课堂讨论中，并将学到的东西与之前教的内容以及自身的经历相联系。积极地发言能让孩子始终保持专注，并能激发他对学习的兴趣和热情。孩子需要在自己搞不懂老师的讲解和自己看到

的内容时举手提问。正如之前提到的那样，他必须能在学习上实现自我督促，必须能对自己负责，确保掌握了课堂中讲的内容。因为这些内容不仅能为他将来的学习打下基础，也可能会出现在考试中。就算他来不及提问，也应该把问题记下来，有机会就赶紧问明白。

低年级的学生常常会在老师的指导下，以整个班级为整体，系统地去解决问题。比如说老师在上数学课的时候会先告诉班里的学生，打开课本，拿出铅笔。他会叫一个学生起来朗读第一个问题，同时自己把问题写在黑板上。老师将会演示如何解决这个问题，接着叫一个学生上台解决下一个问题，同时让其他学生自己在练习册上解题。随着年级的升高，学生们或许需要在老师讲解历史、解析数学题或进行讲座的时候做好记录工作。记下来的笔记应该简洁明了，仅仅包含几个关键词而非整段的句子。笔记内容需要抓住重点，并附上例题予以佐证。尤其重要的是，学生需要在笔记中记下自己觉得难以理解的地方或其他仅凭记忆记不牢的东西。

学生在学校中的众多工作中还包括一个任务，那就是记录下课后作业的内容。要是黑板上的作业内容没写多久就被擦了，导致学生来不及记录，那么学生或家长应该要求老师将作业内容在黑板上多留一会。找一个值得信赖的学伴，在需要的时候可以问他作业的内容。

学校中一天的学习将结束时，孩子需要检查一下作业的内容，确保把课本、试卷和其他完成作业所需要的工具都装进书包里带回家。一到家，他应该先重温一遍白天记下的课堂笔记。复习笔记中的内容能帮助孩子巩固对所学知识的理解，还能作为顺利完成作业的先期准备，另外还方便孩子应对可能的突击测试。接着，孩子需要在复习课堂中做过的习题的同时，分类规划好完成作业的先后顺序。

做作业

孩子需要做的第一步，是对布置的作业进行分类。哪些是明天要交的作业，哪些是月底才要交的作业。接着，他要衡量作业的难易程度，并估算完成作业需要花费的时间。我们假设一位三年级学生今天的作业是记住 3 个新学到的单词的拼法，完成 10 道减法习题，通读故事书的第二章。这些作业需要在第二天之前完成。除此之外，老师还布置了一项长期作业，去了解一位有名的艺术家 ——凡・高。孩子需要在 4 个星期内准备好关于凡・高的口头

演讲。

孩子颇为擅长记忆单词，所以他知道应该分配更多的时间去做数学题。他非常享受阅读，而需要阅读的章节也不长。一想到关于凡·高的演讲，他就感到如临大敌。考虑到这些，孩子决定先从背单词开始，他预估自己很快就能搞定这个作业。另外，先背单词还有个好处，就是可以在完成其他作业后再自测一遍，看看自己是不是真的记住了这些单词。背完单词后，他会花时间做数学题，因为数学对他来说很难，而此时他的状态很好。

孩子在书桌前坐下，取出纸和笔。"要背的单词是 healthy。"他这样大声对自己说。孩子把"healthy"这个单词反复写了 5 遍，每写一遍都大声地读出每一个字母。他用同样的办法写下并高声背诵另外两个要记的单词"kitchen"和"reference"。

相信自己背会了这 3 个新单词，孩子打开数学课本，翻到第十四页，开始做减法习题。有几个问题需要靠手指辅助，并依赖减法竖式来计算；还有些问题仅靠心算便可以解决。他会时不时地叫妈妈来，让她确定一下自己做得是否正确。带 0 的计算题让他非常头疼，每一道这样的题目都要花费大量的时间。孩子决定星期二去问问罗宾老师，让他再讲解一下带 0 的减法该如何计算。最终，孩子解完了所有的数学题目，但他拿不准自己的答案是否正确。

完成了数学作业，孩子又自测了一下之前背的3个单词，每个单词他都能毫无问题地拼写出来。

孩子对自己的记忆单词的成果非常满意，便开开心心地拿出了故事书看起了第二章。他对自己完成了作业的喜悦之情并没有持续太久，因为他想起来自己还没有想好该如何处理有关凡·高的演讲。妈妈问演讲中必须包含哪些内容。

"我需要告诉大家凡·高是谁，他的出生年月是什么时候，生活的地方是哪里，他有哪些著名的作品，他的特殊之处在哪里。"孩子看着他演讲作业的详细内容这样回答道。

"你要讲4个内容。"妈妈指出。

"我有4周的时间，可以一周准备一个内容。"孩子提议道。

妈妈点点头，"没错，你可以把作业拆成4部分，每周完成一部分，这样就能在截止日期前完成。把工作分成几部分，然后列在每天的日程里，这样就能保证进度了"。转眼间，这项长期作业对孩子来说就不那么艰巨了，压力也没那么大了。

"我能观摩到凡·高的画作吗？"孩子问道。

"当然，客厅里的那幅星空就是他的作品，当然这只是复制品，不过也同样非常漂亮。"孩子跑去了客厅，对自己能完成这项长期作业充满信心。

在上述的例子中，孩子在学习方面的能力表现得非常强。事实上，孩子需要家长来引导，从而掌握类似的学习技巧。同时，为了让孩子不偏离轨道，家长的监督也不可或缺。孩子要想掌握并运用这些技巧需要花不少时间进行练习，但是要相信功夫不负有心人，好的学习技巧带来的好处能贯穿整个学习生涯。

作业计划

在学校时：

- 记录好布置在黑板上的作业；
- 把相应的书本和工具带回家。

回家后：

- 复习课堂笔记；
- 将作业分为今天需要完成的和可以稍晚些完成的两部分；
- 将今天需要完成的作业分为可以快速完成的简单作业和需要花点时间完成的复杂作业；
- 先完成那些可以快速完成的简单作业；
- 再完成那些需要花点时间完成的复杂作业；

- 为可以稍晚些完成的作业划分优先级；
- 做可以稍晚些完成的作业中的一部分；
- 将完成的作业装进文件夹并放进书包里。

当孩子在数凡·高画中用到的颜色数量时，他那正在读五年级的表哥尼克在做作业时遇到了麻烦。尼克需要读社会科学课本中的一章，并回答有关爱斯基摩人的问题。“这一章里的内容也太多了，我怎么可能全部理解然后回答这些问题啊？”他抱怨道。

尼克需要学学如何去读课本。虽然他已经知道怎么读故事书或小说，只要从第一页开始顺着往下读到最后一页就行了，但是读课本就完全不是这么回事了。尼克要尝试找到文章中蕴含的信息，而不是顺着故事线往下读。在教科书里，通常每一章的最后都有一些小问题，尼克应该先去看看这些问题，这些问题能引导他从文章中找到自己需要的信息。今天尼克需要回答关于爱斯基摩人的衣着和饮食的问题。

看过问题后，尼克向前翻回到这一章的开头，接着，他查阅了这章中的每一个小标题，找到讨论衣着和饮食的部分。他通读了关于饮食的部分，画出了重点，遇到不懂的地方就在边上做好记录。尼克完成这一部分后，从课本最后的生词表中找到之前发现的不太明白的单词，理解后重读了一遍包含这些单词的句子，现在他完

全明白了。尼克合上书，高声背诵出介绍爱斯基摩人衣着的章节中他记得的要点。接着他打开书，检查自己是不是背得正确、全面。强迫自己高声朗诵出需要的信息可以看出自己究竟有没有真的理解全部内容。如果只是默读要点，很容易蒙混过关。通过高声朗读各个重点，尼克可以清楚地发现自己掌握了哪些，疏漏了哪些。他又重读了那些出现差错的片段，并在关于爱斯基摩人饮食的章节中重复了上述步骤。这下他能游刃有余地写下他需要回答的问题的答案了。尼克尽量写得整洁，因为他明白越是工整的作业越容易得高分。

尼克的妹妹丽莎发现自己对作业无从下手，看起来每项作业都十分棘手。丽莎的保姆辅助她有条不紊地一步步完成。她先将计时器定 10 分钟，在这 10 分钟里丽莎要一直做作业。铃响之后，保姆可以把计时器定 3 分钟，让丽莎休息，丽莎可以利用这个时间去喝水、逗逗猫或闭目养神。铃声又响了，保姆再次定 10 分钟，让丽莎做作业。就这样一直循环到丽莎完成她的作业。利用定时器可以帮助学生将他们的学习分割成很多小的部分，避免面对庞大的工作量时望而却步。丽莎知道辛苦之后有休息时间等着她，就减少了压力，帮助她克服困难完成了作业。工作时间与休息时间的具体长度和占比可以根据学生的年龄、年级和个人需要进行适当的调整。

当学生完成所有必须当天完成的作业后，要将完成的作业装入各自的文件夹并放进书包。做完了作业，却把它们忘在了家里，那一切就前功尽弃了。只有作业都装好了，才算真正地完成了。

考试的技巧

除了被带去校长办公室，没有什么比即将到来的考试更让学生闻之色变的了。要是你能找到应对考试的方法，考试就不会让人惊慌失措。

学生们需要面对的习题类型包括选择题、填空题、简答题、小论文以及口试。每一种题型都有侧重点，因此在考试前先了解具体会出现哪些题型非常重要。

一道选择题中通常情况下包括一个问题和 4 个备选的答案，学生必须能选出其中最合适的一个作为答案。在一道填空题中，学生则通常需要面对一篇被删去不少单词的文章，通常文章上方会给出删去的单词，学生必须选择合适的单词填入空格中。简答题要求学生将他的答案简洁地写在每一个问题的下面。小论文则要求学生回答得更具体，回答的论文长度在几段到几页之间。口试时，学生需要大声地回答出他们的答案。这种类型的测试通常出现在

外语考试里。

不管习题的类型如何，读透并弄懂题目的要求都是重中之重。我认识的有些老师会通过一项测试让学生明白审题的重要性。老师会在测试中要求学生做一些简单的事情，比如画一个圈，做 2 加 2 的加法，拍拍手等。接着，要求学生看过题目中的每一项指令后才动手。最后要求学生无视上述提到的所有内容，去读一本书。很快，哪些学生看过题目并正确按照题干解题，哪些学生直接忽略了题干埋头就做就显而易见了。很多学生会写出一篇精彩的论文最后却只得个不及格，原因是他们没有仔细阅读题干，写出的文章偏离了题目的要求。

或许人们已经习惯了无视说明书直接就拼装书架或忽略导航直接靠记忆开车去某个地方。但是，看清楚方向再行动不仅能节省大量时间，还可以增加成功率。许多老师会建议他们的学生不只是看一遍题目，而要看两次，一定要弄清楚到底问的是什么。

要是给学生布置了一项用于模拟考试的作业，那么他们应该在考试的环境下做这份作业。比如考试要求学生必须在一个小时内写一篇两页的论文，那么就应该把模拟作业看作考试来对待。学生应该在规定的时间内，只参考那些实际考试中允许携带的资料或笔记来完成这篇论文。在实际测试时，考生需要尽量字迹整洁。

在写家庭作业中的论文的时候，学生可以先打草稿，然后重新输入电脑打印一遍或重新誊写一遍，把字迹干净的论文作业交给老师。

在准备词汇测试时，学生可以双管齐下地进行复习。明确来说，就是在读完单词本身后再读一遍单词的解释，然后再反过来读一次，先读解释再读单词。这个学习技巧在外语翻译和化学公式的学习上卓有成效。学生可以制作一串单词卡，不仅事后翻阅的时候单词卡可以帮助学习，誊写单词卡本身就能强化记忆。

当校方宣布过几天要考试时，学生应该将复习规划进每日的作业日程表内。日复一日地复习课堂笔记对准备考试大有裨益。时间不长但次数众多的复习的效率要远远高于临阵磨枪。你或许早就听说过考试前一天应该保证睡眠质量，考试当天应该吃一顿丰盛的早餐，带上铅笔和其他工具，不要忘记戴一块手表。

正如上文提到的那样，当学生参加考试时，最先需要做的应该是审题并画出那些关键词。在做选择题时，就算学生看到第一个选项就觉得它是正确的，还是应该完整地看一遍问题和其他 3 个选项，说不定会有陷阱。要是学生不知道正确答案是哪一个，并且选择错误又不会倒扣分，那么就应该随便猜一个。要是选择错误会扣分，除非能把选项缩小到二选一，不然还是不值得冒险。对于配对题来说，要是题目要求画线连接两个信息，那最好看清楚再画，用尺画线相对万无一失。有些词汇测试会在题目的上方给出一个方框，里面有学生需要选择的一个或几个单词。许多学生有个习惯，在选择某个词后将方框里的词涂黑，经常会涂得看不清是什么词了。告诉你的孩子别这么做，免得他在发现自己做错的时候没法看清那些被划掉的单词是什么。在遇到简答题时，让孩子在写的时候两行之间的距离大一点，这样他就有地方修改了。对于论文测试，孩子需要选择一个合适的论点，并紧紧围绕论点进行写作。孩子需要发散性地思考并组织各种想法，接着写一份简短的纲要。而后，孩子需要依次写好引论、论据和结论。同样，孩子最好能隔一行写一行，以便最后能进行修改。预先写一份纲要可以在孩子来不及完成全部论文时得一点分数，纲要可以告诉老师孩子的思路。

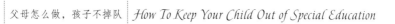

考试成绩下来后，孩子应该搞清楚所有做错的题目。这不仅因为他需要弄懂学习内容，还因为将来的考试有可能再次考到这个内容。将考试卷保存在文件夹里，作为将来期末测试的复习材料，别忘了将取得的好成绩贴到冰箱上！

解决头脑空白问题

许多学生告诉我，有时他们看到试卷上的题目后头脑会一片空白，我自己在做学生的时候也有过不少类似的经历。头脑空白的感觉并不好受，但是这并非无法克服。

解决头脑空白问题的第一步，就是提高效率并扎实地准备考试。要是一个学生完全没有看过书，那么他根本就不可能解决头脑空白问题，因为对于这个知识他的头脑里确实只有空白。接下来的第二步，就是做几个深呼吸，提醒自己已经准备得万无一失了，眼前的题目不足为惧。老师是基于课堂上学到的内容出题的。学生应该不紧不慢、小心谨慎地多次审题，两遍不够可以看 3 遍。一定要放慢速度，仔细地想想问题究竟问的是什么，这才是确保正确的关键。因为这样可以让学生将课堂里学到的知识与眼前的问题联系起来，自然而然就下笔如有神了。

我建议学生不要在自己紧张的时候抬头看其他同学情况如何。要是看到其他学生正奋笔疾书，又是一次沉重的打击；另外，考试时东张西望还容易被认为是在作弊。不过，张贴在教室墙上的东西或许能提供不少对考试有益的信息，看看这些并不算犯规。要是老师不希望学生看墙上贴着的东西，他应该事先将它们摘下来

或拿东西盖住。许多学生告诉我，一旦他们动笔完成了第一道题，一下子就能冷静下来，并重新充满自信。

活用社区资源

学生应该利用身边的社区资源，作为对教科书以及课堂中学习的补充。像之前提到过的一样，辅助完成作业的热线和网站能提供更加详尽的讲解与帮助。学生可以从网站上学到很多，但是他们不应局限在网络上，他们需要学会如何在图书馆里查阅需要的信息。学校图书馆的管理员会教学生如何利用图书馆，学生也可以在公立的图书馆里学习。学生需要学会如何从第一手资料（如原始的史料）和第二手资料（如名人自传）中找到需要的信息。图书管理员可以教会学生如何利用电脑的搜索引擎来节省时间，获取真实可信的信息。他们还可以推荐几本虚构的小说给学生，就算书中的人物和故事并非真实存在，还是能就某个时代的背景给学生一个相对直观的认识。

另一个能给学生学习上辅助的公众设施就是博物馆了，除了传统的收藏画作和雕塑的博物馆，还有一些博物馆专注收藏和展示电视和广播、衣着款式、科技、过去人们的生活状态、棒球等。在琳琅满目的博物馆中，势必有与你孩子学业相关的展品。陪他一起参观，从讲解员的介绍中学习。让托马斯凭印象去临摹一幅他欣赏过的画作，看看他有什么独特的视角。他还可以学着雕塑的姿势摆出来，体会蕴含在其中的优雅和力度。博物馆有时还会有面向小孩子的体验课程，托马斯可以体验一下陶艺转盘或尝试用锤子钉钉子。类似的经验可以开拓学生的视野，也能加强他们对课堂知识的理解，并提高参与度。

戏剧院又是另一个有用的公共设施。要是学生正好在课堂里学习一部戏剧，那么没有什么比让他亲身感受一下这部戏剧更能乐在其中的了。要是露露正在学习用中提琴拉莫扎特的曲子，那就直接带她去音乐厅聆听一次莫扎特的作品。挑一个能看到提琴手的好位置，这样露露就能观察到提琴手手指的动作和拉弓的手法了。

活用假期

我的孩子所在的学区要求学生暑假多读书并做数学题目，你孩子的学区或许也是如此。即便没有类似的要求，务必确保孩子暑假里能多读书并锻炼数学能力，不然一整个夏天的蹉跎会让孩子

的水平退步不少。老师布置的阅读和数学作业能让学生对学到的知识不会生疏，这样到了秋天也不至于必须花很多时间来复习之前的内容。从学生交的暑假作业中也能看出他们对学习的态度。暑假作业往往会成为9月成绩的一部分。

那孩子在暑假里该读些什么书呢？只要读书即可，具体什么形式并不重要。如果你的孩子热爱体育，那就让他去看报纸的体育版面。要是你的女儿喜欢时尚和电影明星，尽可能给她看相关的流行杂志。通过和孩子一起看书鼓励孩子阅读。当孩子看书的时候，可以在边上放朗读这本书的磁带给他听，这也会让他受益匪浅。在家族一起旅游的途中，可以放朗读一本书的磁带，并和孩子一起讨论书中的故事内容。让孩子和更小的孩子们一起参加图书馆的读书时间也不错。在孩子看过书后，务必和他讨论读到的内容，从而提升他的综合能力。

那么你又能如何帮助孩子在假期里维持数学能力呢？你可以鼓励孩子在去超市购物的时候计算所有东西一共应付多少钱，看看计算结果与账单上的实际数字差了多少。你可以让孩子在你做饭时帮你计算需要加的调料的量。如果孩子想要造间树屋或狗窝，直接让他帮你算算角度、占地面积等这些需要计算的东西。游泳比赛以及其他体育项目同样能帮助孩子提高数学能力，你可以通过让孩子计算速度或绘制进度表来实现这一点。

让孩子参加夏季的复习班，这又是另一种利用假期时间的好办法。要是胡安妮塔对阅读理解感到吃力，参加夏季培训班不仅可以让她保持积极的学习状态，还能提高她在阅读方面的能力。

你还可以让孩子参加预习班，为下一学年做准备。我在高一的暑假里，报名参加了暑期法语班，为高二期末时的国际会考测试打下基础。参加法语班不仅增强了我的实力，还强化了我的自信心，减小了国际会考带给我的压力。我自己就读的学校并没有开设暑期课程，因此我的父母不得不四处寻找其他方法。我女儿桑德拉在中学里获得了数学跳一级的机会，她选择接受这个挑战，并希望通过暑期培训班来应对资格考试。

我的女儿卡拉读高二时，需要对 15 世纪美国移民的生活进行研究，研究课程中包含了臭名昭著的萨勒姆猎巫事件。我们一家利用双休日去了波士顿，游览了萨勒姆地区。亲眼看了那些当年被指控为女巫的可怜人居住的保留了当时风格的房屋原址，那些令人毛骨悚然的监狱，让那段历史变得鲜活起来，不仅是让卡拉，连我们也受益匪浅。带着孩子参观与他的课程有联系的名胜古迹能帮助他们加深对知识的理解，远胜于局限在教室中学习。

虽然并非所有家庭都有出去旅游的条件，但带孩子去其他国

家旅游有非常重要的教育意义。这给了孩子一个机会实地练习他们学到的外语，还能让他们近距离地体验不同的文化和特色美食，对那个国家中人们的真实生活有一个简单的认识。旅游的目的可以与孩子的课堂知识、家庭宗教或家族起源联系起来。旅游本身也能生动地让孩子尝试到新鲜的事物。

尽管上面提到了种种度过假期的方法，孩子也需要相应的休息时间，而这些休息时间并非像大多数人认为的那样毫无作用。体育运动和社交活动都非常重要，因为孩子需要强健的体魄，并掌握一定的社交能力。学校中的学习对孩子来说就如同工作，故而他们理应获得休息的时间来放松。

如何管理有限的时间和资源以便在学业上取得进步，学会这个技巧对一个学生的成长来说至关重要。在这个领域，家长的协助也不可或缺。家长应该帮助孩子获得或近或远的各种资源，训练孩子的学习技巧，给他相应的鼓励。

本章重点

- 学生要想取得学业上的进步首先需要掌握学习技巧；
- 学习技巧始于学生在课堂中的自我督促；

- 学生需要学会如何将作业分类、读教科书、规划自己的学习；
- 学生需要掌握一些复习的窍门；
- 学生需要掌握一些应对考试的窍门；
- 活用社区中的资源来提升学业；
- 有建设性地运用假期来提升学业。

要弄明白的问题

- 你的孩子在学校里会自我督促吗？
- 你的孩子会将作业妥当分类吗？
- 你的孩子能一步一个脚印地完成一项长时间的任务吗？
- 你的孩子知道不同种类试题的区别吗？他知道如何解决相应的问题吗？
- 你的孩子能高效率地复习吗？
- 你是否帮助你的孩子充分利用了辅助性的社区资源？比如博物馆、音乐厅、公共图书馆。
- 你是否在假期里为孩子找到了对他的学业有益的活动？比如参加补习班、旅游、参观名胜古迹。

第七章
学校提供的非特殊教育辅助

How To Keep Your Child Out of Special Education

一个学生可能会碰到心理上或行为上的问题，但没有严重到要惊动特殊教育服务出场，适当的教育范畴或学校方面的应对就够用了。

找到额外的帮助

当一个学生在学习上需要额外帮助时，首先应该去和老师谈谈，从而了解学校里都存在哪些类型的帮助，并找到适合自己的那一种。要是孩子的某位老师运用的辅助方法效果显著，那么就应该把这种方法分享给其他老师。

第一层级的帮助是在教室内开展的，老师可以叫唐纳德或多娜起来复述之前学到的内容，并解释给整个班的同学听。这给了学生一个额外的机会来复习并理解学到的知识。最好老师能叫 2~3 名学生起来进行类似的复述，免得只是关注学习遇到麻烦的学生，令这些学生尴尬。提醒学生引起注意的办法同样行之有效，比如"10 分钟后我会叫希玛、西蒙和塞蕾娜起来回答问题"，约翰逊老师可以这样向全班宣布。或者换一个做法，告诉全班"在之后的 5 分钟里，我希望你们能给我举 3 个例子，用来阐述为什么英国政府厌恶殖民者”。引起注意的方法可以提高学生的注意力和课堂参与度，也给学生时间来准备要回答的问题，同时还能激励学生对学习内容中不太理解的部分进行提问。

像玛丽这样羞涩的学生可以和其他老师达成默契，当老师提问的时候，如果玛丽举手，那么老师就会叫她起来回答；要是玛丽没举手，那么老师可以去指点她。在教室里配备一名助理可以帮助学生复习学到的知识，此外助理还能提醒老师，学生对哪部分知识尚有疑惑，这样老师就可以进一步地讲解相关内容，从而消除学生的困惑。

要是学生需要更多时间来复习学过的课程，可以遵照学校的规定，在上课前、午休时、晚饭时或放学后选择合适的时间请求老师辅导。当萨利想要在午休时找老师问问题，她很有可能会发现迪克和珍妮也在那里。她会发现自己并非唯一对知识点有疑惑的人，这能消除她的担忧，并激发她对学习的信心。社区中的成年志愿者会去一些学校帮助那里的学生。学生指导通常是一些高年级的学生提供的社区服务，也能给予需要辅导的学生帮助，老师或家长可以将遇到麻烦的学生介绍给合适的志愿者。

在有些学校，放学后会有作业小组，旨在让学生能在一个安静的环境中一起做作业。作业小组由老师来监督，他既可以鼓励学生，又可以在学生遇到困难时进行指导。部分学生回家后没法安静学习，或家庭活动丰富，以至于只有参加作业小组才能完成作业。以一个小组的形式一起做作业还能让学生集中精力、同时产生一种对社会群体的归属感。作业小组是面向所有学生的，无论成绩优劣皆可参加，因此，并非参加了作业小组便意味着学生的学业存在问题。

部分社区学校还提供了周六学堂，让学生获得额外的机会来准备各个州的测试。这个服务也是面向所有注册的学生的，其他学校或地区可能没有类似的服务。

控制对考试的焦虑

有些学生能理解老师在课堂上讲解的内容，他们在课堂练习以及课后作业中表现得无可挑剔。然而一上了考场，就大脑一片空白。虽然他们确实刻苦地学习过了，也确实掌握了相应的知识点，但当考卷发到桌子上时，还是会手足无措。正如我前面提到的一样，有许多技巧可以帮助学生处理考试紧张的情况。

许多学生会通过重新读一遍题目并做几个深呼吸来缓解紧张，他们会自我暗示，不断在内心鼓励自己，告诉自己已经充分地复习过了，掌握了所有要考的内容。有些情况下，学生需要时不时地练习一些控制焦虑的技巧，以便能在真正的考试中保持冷静。很多学生告诉我一个对他们行之有效的技巧，想象自己在一个令自己感到轻松愉悦的地方，比如海滩。我会引导他们去联想海边的情景，去“看”海浪和沙滩，“听”海鸥的叫声，让他们在想象中“闻到”海边那微咸的空气味道，“尝到”烤架上翻烤着的热狗。我让学生“感受”手心里的沙子，“体会”湿润的细沙从指尖滑落。不紧不慢、平心静气地联想心目中向往的地方，全身心地探索，这能让学生放松下来，恢复冷静，找回信心，最终集中精力于眼前的考试。当一个学生能熟练地运用这套放松技巧时，短暂地遥想一下海边的景色，只需一瞥就足以让他心如止水，重新投入考试中。

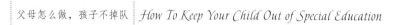

学生可以私下向学校的心理医生咨询类似的技巧，学生并非必须自己存在心理问题或需要心理诊断时才去见心理医生。要是学校方面允许的话，心理医生可以直接向整个班级传授放松身心的技巧。

政府项目

有不少政府项目可以帮助那些在学习上遇到困难的学生提高学业水平。无论是公立学校还是私立学校，只要该学校有资质收到政府资金，都有政府项目。然而，并不是每个学区都有政府提供的辅助项目。

项目一 (A) 为那些在主要课程上成绩不好或未能及格学生的辅助项目提供资金。资金可以被用作辅助课程老师的费用、所需资源和设备的支出、教员或家长的培训费用、参加合作教育服务委员会或其他能提高学生能力的项目费用。二年级学生希尔顿在学习阅读上遇到了困难，被收入了项目一（A）资金资助的指导课程小组。在阅读时间，他所在班级的学生会根据阅读水平的高低被分成多个小组。希尔顿和其他 3 名学生会在专业阅读老师的指导下接受高强度的训练，在适当的协助下跟上普通班级老师的课程进度。孩子是否参加项目一（A）的小组指导项目，由老师、家长和学校管理层协商后决定。

项目二（A）则能给学校的职工提供专业水平上的提升，老师们能参加与他们教学科目相关的讨论会、研讨会以及教育说明会。校方也可以用这笔经费聘请专家，对老师进行培训，以提高他

们的教学水平。在老师提高教学水平的同时，学生的学习能力也会得到相应的提升。

项目二（D）的联邦资金用于辅助学生学习的科技技术，学校运用这部分资金增进课堂中的科技含量，从而提高学生的学业水平。资金被用来购买电脑、软件以及多媒体设备，同时也用于老师在相应方面的培训，更进一步地促使学生进步。学生们乐于使用电脑学习，老师也可以在电脑程序的帮助下运用大量图片，生动地为学生传授发音、词汇以及数学计算方法。

项目三（A）是帮助那些英语是第二语言的学生学习英语的专项资金，资金可以用来购买教材并请相应的老师。这一切都是为了能让学生可以如鱼得水地使用英语。对于在国外出生的孩子来说，在学校中学会英语是很困难的。专家认为虽然只需 2~3 年的时间即可让这些学生的英语达到满足日常交流的水准，但是要想在专业程度上使用英语则需要 5~7 年的学习。虽然如此，就我个人在国际学校就读的亲身经历来看，母语非英语的学生能够顺利地学好英语，而且速度之快超乎想象。在很多情况下，他们的家长受过良好的教育，能说一口流利的英语，这或许是促成他们如此快速学会英语的原因之一。要是家长不会说英语，在本国受到的教育也有限，那么孩子要想学会英语就很困难了。即便如此，眼前的许多例子告诉我，这并非无法做到。

项目四用于资助那些辅助孩子心理健康、培养正常社交能力的项目，同时也包括毒品危害的教育。资金用于一些需要研究支持的项目，或是用于请顾问为学生提供现场咨询。虽然项目四并不能直接提高学生的学业水平，但一些学生学习成绩不佳的背后，或许就潜藏着心理、社交或毒品方面的问题。

项目五包含一些能促进学业水平提升的创新项目。并非所有学区都能有项目五的资金，即便有也可能有时限性。家长需要咨询孩子所在学校是否包含项目五的创新项目。

一些政府项目是直接服务学生的，还有一些则用来增强与学生接触的教职工的业务水平。家长可以向学校的校长或当地资金项目的主管咨询，来确定哪一个项目最适合自己的孩子。家长或许会要求自己的孩子接受某个政府项目资助下的服务，不过最终孩子是否能参加相应的项目由学校来决定。地区资金项目主管可以向家长推荐一些当地社区中免费的或低收费的辅助项目。

资源教室

资源教室是一种特殊教育服务，在时机合适时，如果时间和场

地允许，这项服务可以面向接受普通教育的学生。根据学生弱势学科的具体表现情况，在老师和资源教室负责人的协商下，可以为该学生预留教室的使用权，学生可以以未批准学生的身份利用资源教室。当学生使用资源教室时，会和一小批学生一起，在特殊教育老师的指导下提高某一特定方面的学习技能。资源教室的老师会努力提升学生在某一特定领域的能力。虽然资源教室的教学可以算是平时课堂教育的补充，但授课内容不一定要和平时一样。资源教室的老师应该与平时授课的老师时刻保持沟通。

以未批准学生的身份参加资源教室的教育能让孩子的自信心与学业水平突飞猛进。艾弗里就是一个活生生的例子，作为一个六年级学生，可爱而又温和的他一直以来都存在着过于腼腆的问题，在平时的课堂中不愿意举手发言。事实上，有人以为他性格暴躁，原因是他不太乐于与其他人互动。经过一个学年的资源教室课程，艾弗里的自信心、社交能力以及学习成绩都有显著提高。他会开玩笑了，会发起话题了，语言能力也提高了不少。辨析能力、阅读理解能力、词汇量和拼写水平都提升了。

以未批准学生的身份参加资源教室的教育能从两个方面给学生带来好处。首先，能提高学生的学业水平；其次，就算学生取得的进步未能达到预期，参加这样的资源教室课程也可以作为“干预反应”的案例，如果家长最终决定向特殊教育委员会咨询他们的孩子是否需要特殊教育，他们需要证明已经尝试过类似的“干预”了。

在公立学校中，被批准参加资源教室与项目一的相似之处在于它们都为困难的学生提供了帮助。不同的是，能否参加项目一并不受条例规定约束，学生不需要接受正式的考核便可以参加。要想被批准参加资源教室，学生必须接受考核并被确认满足所在州残疾学生的条件。项目一课程中的老师会争取让学生跟上班级里其他学生的步伐，包括预习和复习平时课堂中学到的内容，辅以对词汇与数学公式的复习。资源教室则会指出学生有缺陷的地方以及引发这种问题的思维模式，但不会刻意地与学生平时课程的内容相联系。需要了解的是，即使是私立学校也可能有自己的资源教室，但与社区的公立学校开设的资源教室有所不同，参加该教室的课程有时需要支付不包含在普通学费中的额外费用。私立学校的资源教室或许在参加时限、教师资质、教授时长等方面与公立学校的资源教室不太相同。

面向未批准学生的相关服务

参加特殊教育的学生通常指那些被批准的学生，因为法律批准他们接受特殊教育服务，相关服务能帮助学生融入班级。虽然并非所有社区皆是如此，但在有些社区，在满足特定条件的情况下，特定场合下某些类型的相关服务也能作为一种辅助措施，向接受普通教育的学生开放。有时这类服务会被称为学校层级服务，因为学校可以自行提供这类服务，而不用通过特殊教育委员会。要是家长担心自己的孩子在语言表达方面存在缺陷，可以直接与孩子所在学校的发音诊疗师讨论产生问题的原因、问题的严重程度以及未批准的发音诊疗是否适合孩子。举个例子，妮娜在某几个音的发音上遇到了麻烦，而她这个年纪的孩子本不该有这些问题。妮娜的发音问题并不严重，不会影响到学习，但是会让她感到尴尬。她在班级里表现很好，回答问题也毫无问题，但其他人很难听清楚她在说什么，尤其她说得很快的时候。她每周去见一次发音诊疗师做发音练习，让自己说的话更加清晰易懂，同时她的父母也监督她每天在家里练习发音。

一个学生可能会碰到心理上或行为上的问题，但没有严重到要惊动特殊教育服务出场，适当的教育范畴或学校方面的应对就够用了。我记得有个五年级男孩叫泰勒，总是模仿同学们不好的表现，他本身是个不错的学生，只是不清楚同龄人对自己的看法什么样。他不愿意表达自己的态度和立场，因为害怕被同学们孤立。他于是参加了一个非正式的限时咨询，帮助自己学会如何在一个群体中表达不同的意见。

当学生的药物使用情况对学习产生负面影响的时候，学校的护士也能提供一定的帮助。有些学生即便在学校里也需要服用特定的药物或定时地量血压；还有些学生可能会有暂时性的障碍，在学校里需要护士的看护。学校里的视力普查也非常重要，能及时地找出哪些学生需要佩戴眼镜。学校的护士还能通过为学生们提供体检信息来为整个学校的学生服务，体检的信息涵盖营养均衡、卫生程度、疫苗接种情况以及身体的整体状况。

干预反应

之前也提到过，所谓的干预反应，就是指为帮助一个成绩不好或不及格的学生所做出的努力。干预反应是《障碍人员教育法案 2004 年修正案》中的一部分。它运用经过研究论证了的种种方法，通过一整套体系来帮助陷入困境的学生。干预必须至少合理地

进行了一段时间，无论成功还是失败，结果都将被记录下来。当一名学生需要特殊教育委员会帮助时，他的家长必须给出证据，证明自己已经努力地实施了干涉，但最终不足以帮助孩子完成综合教育。委员会需要审阅许多资料来决定实施特殊教育是否能给孩子的学业带来相应的提升，而干预反应则是其中之一。

留级

许多家长担心自己的孩子会因为学业水平不佳而被迫留级。留级或者说重修，对孩子来说是可怕的噩梦。研究调查表明，留级在短期内带给孩子的好处并不能维持长久。就算是资质很差的学生，如果能顺利地升到下一年级，他们的表现也比留级的学生要强。近期一些最新的调查显示，留级或许对学生的学业水平和自信心培养颇有帮助，但目前这些研究的时间还没有长到足够观察到留级对孩子可能产生的一些长期影响。

如果一个孩子被要求重读一个学期，但在这新的一个学期里教育本身不会有任何变化，那产生的结果怎么可能和之前有所不同呢？难道多接触一遍同样的学习内容就能让孩子对知识要点融会贯通吗？很显然如果留级势在必行，那至少要在新的学期里给孩子更多的帮助，在教学上也应该有所不同，让这新的一年更加有意义。一位家长曾经向我的同事抱怨过：“为什么我的儿子要在学校里多待一年，这样只会增加他的痛苦，让他升到下一年级，有机会多帮帮他吧。”

有些时候，留级在教育层面是合适的，这时，会有一系列的测试问题来帮助校方做出决定。孩子经常缺课，多次转学，因为要接受治疗，没有足够的学习时间，这些理由都会支持学校做出让孩子留级的判断。在社交上不成熟也是一个很大的因素，尤其是对年幼的孩子来说更是如此。要是一个孩子必须留级，还是尽量在他越小时实施越好，最晚也要在幼儿园毕业之前。我的一个女儿在学前班里有一位同学，她的母亲就决定让她再读一遍学前班。她的小女儿确实在社交上不够成熟，在同龄人中显得格格不入。在女子童子军的活动里我遇到她的时候，她已经成长为一个健康、快乐的二年级孩子了。在这个例子里，母亲的决定非常正确，毕竟这次留级只是用了女孩漫长人生中的一年时间而已。此外，由于留级生班级里的同学要年长 1 岁，因此他能在班级中第一个参加成年礼，第一个举办 15 岁派对，第一个拿到驾照，第一个迎来其他许多人生中的里程碑。

要是学生不得不在高年级留级，不仅应该在学业上给予他更

多的帮助，还应考虑是不是可以直接帮他换一所学校。新环境里的朋友并不知道他留过级，这能帮助他更顺利地适应新的社交氛围，同时家长还应密切关注，留意之前的学校在教育以及帮助孩子的方面究竟如何。

504 计划

504 计划可以为身有残疾以及平常活动极其不便并且正在接受普通教育的学生提供帮助。《1973 年康复法案》第 504 条意在保护那些虽然能完成所属职务的要求，但是因为身有残疾而遭受歧视的员工。1974 年，该法案修正，同样保护那些身有残疾的学生，他们正在接受或想接受享受联邦资金的学校机构的教育。504 计划是与个体教育项目完全无关的项目，并不会被用来判定一名学生是否满足接受特殊教育服务的条件。该计划可以为学生提供帮助，帮助他们在一个常规的教育项目中完成学业。一个由学校职工组成的小组会与家长相互合作，制订计划。

一名学生必须在身体上或心理上有障碍，并且会造成平常活动极其不便，才能满足 504 计划的要求。所谓平常活动包括呼吸、饮食、自我照料、观察事物、步行以及学习等。满足条件的学生能得到合理帮助，得以继续学业。举几个例子，一名有视力障碍的学生会需要放大打印的图书，凭借这样特殊的图书，他能和周围的同学一样在课堂里朗读书上的内容；一名对粉笔粉尘过敏的学生需要在一间配备白板的教室学习；患有注意力缺乏症的学生需要额外的考试时间，并且考试的教室需要设立在能最大限度杜绝干扰的房间里。根据学生个体的不同需求，提供许许多多各式各样的便利来辅助他们。

对于所谓极其不便，法律上并没有给出明确的定义，社区的学校可以根据自身的情况来决定。不过，需要强调的是，仅仅表现出存在障碍是不足够的，必须是能造成平常活动极其不便才行。我记得有一名被诊断患有注意力缺乏症的学生依然能保证平均分为90，他的障碍就没有造成学习极其不便。504计划的本意是让整个环境公平，让每个学生都能全身心地投入学习。它并不是为了提升学生的成绩。只要有视觉障碍的学生能看清放大印刷的课本中的作业内容，接下来能不能做对题目就全靠自己了。504计划作为法律文件有它自己的申请条件，仅仅是家长或老师认为504计划能帮助孩子做得更好是没有意义的。504计划并非什么特别版的特殊教育，也没法帮你绕过检查享受特殊教育服务，它不是为那些没能得到特殊教育服务资格的学生准备的安慰奖。

罗纳是个身材娇小的五年级女孩，在学校里表现良好，学习也非常努力，就是数学即使拼尽全力也毫无起色。她的父母尝试与特殊教育委员会沟通，但是委员会认为罗纳并没有达到国家指定的接受特殊教育学生标准。虽然如此，一直以来的成绩记录表明罗纳有严重的处理障碍，并且数学也一直令她苦恼不堪。而她在其他学科上的成绩则能达到她所拥有的 IQ 水准。据此，她享受到 504 计划的帮助，计划给她提供了数学上的辅助。辅助包括享受优先席听课，一份拷贝的数学课堂笔记，更加充裕的考试时间，能在安静的教室里考试，考试后可以得到所有题目的详细解答。虽然罗纳还是不擅长数学，但是上述辅助成功地帮她及格了。

施行 504 计划必须有延续性，一个孩子如果获准拥有更多的考试时间，就不仅仅是在重大考试上，在所有考试中都应该被给予更多时间。要是孩子不依靠辅助也能及格，这就代表他已经不再需要 504 计划的帮助了。学生是否能接受 504 计划需要周期性地进行复检。虽说 3 年检查一次的周期也在许可范围之内，但最好尝试每年检查一次是否还有必要接受 504 计划，目前享受的特殊辅助是否还符合孩子的需求。

家长需要明确孩子的老师了解 504 计划，孩子每年都会换新老师，有些老师或许对 504 计划没有第一手经验，仅仅拥有一些理论上的认识。家长要为他们的孩子争取应有的权利，确保504计划能顺利地贯彻下去。学校的心理医生也能为老师提供咨询和协助，来确保504计划中涉及的辅助措施能有效地实施。

要注意的是，并非所有未获批准接受特殊教育服务的学生都能转而获准接受504计划。同样，就算不申请特殊教育只是申请504计划，也不能保证申请就一定能通过。一位六年级男孩儿的家长希望能得到504计划的帮助，因为孩子手部肌肉的力量不足。在一次家长与孩子老师的会谈中，孩子的每一位老师都建议孩子下一年参加荣誉课程。“那504计划如何呢？”家长这样问。老师向家长解释，虽然孩子确实有身体缺陷的记录，但没有证据表明该缺陷会对孩子的日常生活造成严重影响。每一位老师都建议孩子参加荣誉课程，显然，男孩儿在学业上非常成功，他并不能达到接受504计划的要求。仅仅在某个方面存在弱点并不意味着孩子就有资格接受504计划。具体事例需要具体分析，很多时候对学业辅助需求的压力来自家长。

家长之所以喜欢在孩子遇到点小问题就寻求504计划的帮助，是因为这样孩子不仅能受到一定程度的帮助，还不需要被贴上特殊教育学生的标签。艾伦是个性格开朗的女孩，12岁的她虽然一只耳朵听不清楚，但在学习上表现优异。她的考试成绩以及在学

校里的表现表明她的学习能力没有问题，因此她没有资格接受特殊教育。虽然艾伦说是因为自己的刻苦努力才获得了理想的分数，但由于听力的问题她要费好大的力气才能听清老师上课讲的内容。参考艾伦的医疗诊断上记载着的听力缺陷对她日常生活的影响，同时也基于她难以听清上课内容的事实，她被获准接受 504 计划的帮助。对于这样的结果，艾伦的父母很满意，因为这样不仅能帮助艾伦在学习上表现得更加游刃有余，还能让她不至于被视作特殊教育学生。

不过，必须清楚地认识到 504 计划能提供的学业方面辅助的程度大体上会低于同样情况下特殊教育服务的辅助。504 计划能为艾伦提供的帮助，也就类似于在考试时为她准备安静的教室以及重复数遍考试要求。计划本身并不会从本质上去解决艾伦在听力上的问题。艾伦的父母还是要自己去向内科医生和保险公司咨询，寻求援助来改善孩子的听力问题。

校长们喜欢 504 计划，因为这可以让学生在常规教育的前提下，通过一系列的辅助措施提高学习成绩。这些辅助说不定还能提升学生在州统考中的成绩，让学校的整体成绩提高不少。

504 计划没有专项资金，虽然施行 504 计划会有一定的花费，但这些辅助措施相比特殊教育还是便宜不少。

有许多办法可在不用特殊教育的前提下帮助学生，学生可以参加老师开设的课外补习班，接受政府项目的集中教育，以未批准学生的身份向发音理疗师、资源教室老师这样的专家学习。一些特殊的需求可以通过504计划的辅助来实现。干预教育中有许多帮助学生的方案，接受常规教育的学生可以从中自由地进行选择。家长们不应该过于草率地与校方讨论以未批准学生身份接受额外帮助的可行性。

本章重点

- 有许多种方法能帮助接受常规教育的学生；
- 遇到困难的学生应该首先与老师交流，以寻求额外的帮助；
- 你总可以寻求家教、学生互助、作业小组的帮助；
- 政府项目可以帮助遇到困难的学生；
- 学生可以以未批准学生的身份与校方专业人士协作；
- 留级事宜事关重大，家长需要经过深思熟虑后才能开始与学校交涉；
- 帮助学生的努力被称为干预，干预反应不仅能为学生提供极大的帮助，在今后决定参加特殊教育项目时，干预反应在决定孩子是否有资格接受特殊教育的问题上也起到至关重要的作用；

- 一些接受常规教育的学生可以获准接受 504 计划提供的在校辅助措施；
- 要是你相信自己的孩子有资格接受 504 计划，与学校的心理医生联系；
- 保存孩子接受过的干预记录，包括日期、干预的提供方以及课程的内容。

要弄明白的问题

- 你是否与孩子的老师谈过有关额外帮助的事宜？
- 孩子所在学校能提供哪些额外的辅助项目？

第八章

争取特殊教育

How To Keep Your Child Out of Special Education

父母怎么做，孩子不掉队

如果你由于某些原因深信自己的孩子会被分配到一个特殊教育班级中，应该在参加会议前先请求参观一下这样的班级，这样你就能对特殊教育提供的辅助有一个更深层次的理解，同时也方便你在面谈时提出有针对性的问题。

向老师及学校心理医生咨询

如果经过家里以及学校持续不断的努力，孩子的学习还是毫无起色，那么或许是时候考虑需不需要接受特殊教育服务了。你应该先和孩子的老师以及学校心理医生碰面谈一谈，以便回顾一下孩子以往的学习成绩或他的干预反应。同时你还能借此加深对特殊教育服务以及它的流程的认识。

回顾一下孩子的成绩单、考试等级以及作业情况，你的孩子是接连不断地得到差和极差呢，还是基本能达及格，而你期望他能得到良好或优秀？及格代表孩子通过了这门课程，所以对他的教育可以算是成功的。你应该弄清楚自己希望通过特殊教育实现什么目的。特殊教育并不能帮助孩子成为一个优等生。特殊教育是帮助那些有困难的学生，让他们的成绩能达到及格水准。同样，参加特殊教育也不意味着你就可以抛开家长的责任。特殊教育并不能替代孩子接受的治疗，也不能为你报销孩子治疗上需要的费用。此外，特殊教育也不能替代那些之前章节中提到的家庭需要为孩子付出的努力。如果你相信自己的孩子在学习方面不太成功，需要特殊教育的帮助才能取得进步，那么你可以开始了解获得特殊教育资格的实例，自己的孩子符合特殊教育的要求究竟意味着什么。

了解特殊教育

与学校的心理医生预约会面，和他谈谈你的忧虑，你可以在会面前或会面后立刻看一看自己作为家长就特殊教育享有哪些权利，心理医生会给你一份记载着这些内容的文件。在面谈中，心理医生会为你说明向特殊教育委员会提交申请的细节。你应该多提问，把所有的恐惧和担忧都告诉他，不用担心自己的问题可能太愚蠢，可以畅所欲言。

如果你是和我会面的话，我就会先听听你的担心，并听你谈谈之前都为帮助孩子做过哪些努力，无论是在家里、社区里还是学校里，我会问你孩子在社交方面的经历。怀孕的过程中是很顺利，还是总出各种问题？孩子出生时的体重在正常范围内吗？孩子是早产吗？在蹒跚学步的时候，他表现如何？他有接受治疗的经历吗？经常耳朵感染吗？有脑震荡、高烧、癫痫的情况吗？有过敏吗？学区负责人之所以会问这些问题，是因为这些与孩子的学习能力息息相关。打个比方，一个经常耳部感染的孩子很可能有听力缺陷。脑震荡或癫痫可能会引发神经方面的问题，最终损害记忆能力。除了孩子在社交方面的经历，我们还会翻阅一下他过往的成绩记录。孩子的强项在哪里？哪些学科不太擅长？他目前面临的问题是已经困扰他很久了，还是刚刚出现？我们还会就孩子接受过的干预以及他对干预的反应进行讨论。

学区还会要求你提交同意让孩子接受特殊教育的书面证明，以此开始评估你的孩子向特殊教育委员会提交申请的资格。评估中涉及的项目包括心理测试和学业水平测试，如有需要还会对发音以及语言能力进行评估，也会实施职能治疗评估以及物理治疗评估。我还会观察孩子在课堂上的表现，并要求他的老师提交关于孩子学业水平以及行为表现的问卷。老师或学校的管理人员还要给我孩子作业的复印件、最新的成绩单、考试等级记录以及其他相关的信息（如眼科检查记录）。你还必须提交一份由孩子的医生开具的最近的内科诊断书，从而排除药物导致孩子存在学习困难的可能。

如果孩子就读于私立学校，你还需要为他在当地学区相应的公立学校注册。此处的学区指的是孩子就读的私立学校所在的学区，这或许和你居住的学区并不一致。如果私立学校所在的学区与你居住的学区不同，你可能还要在居住的学区为孩子进行注册。你要到学区办事处办理注册手续，记得带上孩子的出生证明、你在当地的居住证明、孩子的免疫接种证明以及其他需要的文件。只有注册手续完成后，公立学校的相关工作人员才能开始对你的孩子进行评估。在有特殊情况时，无论孩子就读于公立学校还是私立学校，你都必须提供相关的文件从而证明你有权利在孩子的学习方面做出决定。你可以提交由私人医生开具的孩子近期的诊断报告，也可以让其他对孩子非常熟悉的人提供相应的信息。处理会谈前的文件要花费一定的时间，不过政府的各项流程都有法定的最长时限。在处理文件的任何一个时间点，如果你希望撤回申请，都可以提交书面申请。不过撤回申请并不能解决孩子的学习障碍。

请注意在不同的学区需要走的流程可能与上述提到的流程会有一些不同。

孩子对测试的看法

为了参加测试，孩子不得不向学校请假，他本人也不一定乐于配合测试。或许班级里会有同学问他为什么请假。年龄大一些的孩子可能会很抵触接受特殊教育。考虑孩子的看法是很重要的，尤其是在孩子成长到可以一起商量后再做决定时，更是如此。

许多我经手测试的孩子都能全身心地享受整个测试过程，我之所以这样认为，是因为在我要带他们测试其他项目时，他们都表现得跃跃欲试。孩子们喜欢解谜游戏、发声挑战以及绘画测试。你会发现孩子们会忘我地投入这些项目中。但有时就算我拼尽全力想和接受测试的孩子打成一片，还是会有孩子十分抵触测试的项目。有些孩子知道父母在考虑让他们接受特殊教育，因此对测试的结果感到担忧又沮丧。有些孩子愿意和我交流，有些则只会最低限度地回答我的问题。虽说孩子们各种形式的反应都能反映出一定的信息，但最好还是能让孩子保持镇静和合作，积极地投入测试项目中，并争取做到最好。你要好好考虑怎么通知你的孩子，告诉他将要去参加测试。心理医生可以帮助你让孩子做好思想准备。

特殊教育委员会会议

作为孩子的家长，你需要准备好参加特殊教育委员会的面试，需要通读一遍所有的评估报告，并与开具各个报告的工作人员好好交流。了解评估报告中的所有细节是很重要的，因为测试的结果会在很大程度上影响委员会最终的决定。你必须尽快提交那些需要的资料，毕竟书面流程没走完会议也无从谈起。在我工作的学区，家长必须参加会议，因为没有家长在场，一切事情都无法进行。或许在其他学区运作方式会有所不同，不过为了孩子，即便你所在的学区并不要求家长必须在场，你最好还是能出席。

如果你由于某些原因深信自己的孩子会被分配到一个特殊教育班级中，应该在参加会议前先请求参观一下这样的班级，这样你就能对特殊教育提供的辅助有一个更深层次的理解，同时也方便你在面谈时提出有针对性的问题。

要是家长需要翻译人员、方便残疾人的会议室或有其他什么特殊要求，需要告诉校方工作人员，这样可以在他们要求进行评估时提供相应的帮助。

家长通常都会问我这两个问题：在会议中会发生什么？孩子能得到哪些服务？我可以很爽快地回答第一个问题，但是对于第二个问题，我恐怕就没法给出一个明确的答案了。在会议中，委员会需要给出统一意见，决定为孩子提供哪些服务。你会收到一封邀请你参加孩子会议的信件，与你一同出席会议的有一名主席、一名心理医生、一名常规教育老师、一名特殊教育老师、一名家长以及需要相关服务时该方面的专家，如发音理疗师或内科理疗师。在我工作的纽约州，委员会必须包含一位家长，这名家长并非参加会议的孩子的家长，指的是他的孩子曾经接受过特殊教育，并且自己亲身经历过这一系列的申请程序。这位家长是志愿参加的，作用是支持并协助申请特殊教育服务的家长。他可以以家长的身份提供一些能帮助孩子学习的建议，也可以安抚那些面对会议感到紧张的家长，让他们不必过于担心。作为家长，你可以提交书面申请，要求不用其他家长参加会议。你也可以带上一名亲属、好友或其他能提供建议的人参加。对于出席人方面的规定，各个地区都有所不同。

在会议中，你会被要求阐述自己对于孩子有哪些担忧，为什么你认为自己的孩子应该接受特殊教育服务，你在家里都做了些什么来帮助孩子，分享一下你和孩子学校的工作人员协作时的经历。与会的多名专家会互相讨论在评估你的孩子时的发现，并分享他们在学校中与你孩子接触的经历。老师会描述孩子每一天在校

的表现。在审视过所有信息后，整个委员会将决定孩子是否满足学习方面存在缺陷的标准。如果委员会认为满足条件，那么主席将会明确孩子具体的情况，以作为孩子符合标准的依据，这也就是家长们所说的标签，如学习能力欠缺、发音功能欠缺、心智迟钝、听力障碍以及情感障碍等。大部分家长在听到残疾这个词时都会想到轮椅，其实残疾这个词有着很广泛的含义，代表了许多种类型的缺陷。残疾情况的具体数量以及它的详细定义在各个州可能都不相同。一旦确定一位学生满足了一项残疾情况的标准，委员会便会接下来开始讨论具体什么项目或服务对促进他的学习最为合适。

此时，只要你再签一份书面同意书，学校便会准备妥帖以尽快为孩子提供特殊教育服务，最慢也不会超过法律约束的最长时限，服务将会持续一个学年。在一学年将要结束时，你会被邀请再一次参加会议来回顾一下孩子在这一学年中取得的进步，并决定在接下来的一学年他还需要哪些帮助。如果你拒绝在书面同意书上签字，那么学校将不会给你的孩子提供任何服务。如果你认为孩子适合接受更多数量或其他不同类型的帮助，并因此对委员会的决定有异议，你也有相应的途径解决问题。要是你选择不同意委员会的决定，可以不经过学校，根据自己的经验亲自去获取相应的服务。在这种情况下，学区将不再干涉为你孩子选择特殊教育服务的问题，也不再承担相应的责任。你应该将任何自己不完全明白的东西都问清楚，因为你正在为孩子做一个重大决定，不容有失。

获得批准

在特殊教育委员会的会议之后，你将收到一份个人教育项目的打印件。这份法律文件上会记载着孩子的批准情况、特殊教育项目以及相应的服务。上面还简要地记有委员会认为你的孩子达到标准的依据，在接下来的学年中特殊教育相关人员需要达到的目标。个人教育项目通常会有几页，你应该通读一遍，遇到不明白的地方要问清楚。负责你孩子的校方人员为了能切实地提供个人教育项目中提到的服务，有权阅读这份文件。个人教育项目对其他人是保密的，除非他们有你的授权。

你应该记下服务预计会于哪一天开始，并与特殊教育相关人员联系，向他们介绍自己，并询问你能在家里做些什么来协助他们的工作。接受特殊教育服务的学生每年都要参加测试，从而衡量取得的进步。每隔 3 年，学生还要接受一次测试，进一步摸清学生取得的进步，并明确他们在学习上的需求。

正如上文提到的一样，每年春天都会有一次回顾的会议，你可

以在会议上见到负责你孩子的常规教育和特殊教育的老师，和他们确认下一学年孩子要接受的项目。如果你对之前一个学年的项目有看法，希望能调整一下孩子的个人教育项目，可以请求与特殊教育委员会一起开一次会议，讨论这个问题。你应该事先准备一些材料来支持你主张调整孩子接受项目的观点。

在你要离开所在学区或所在州时，要向孩子的新学区提交一份孩子的个人教育项目复印件，以此向孩子的新学区请求特殊教育服务。新学区会遵照个人教育项目的内容提供一定时间的服务，然后安排时间与你会面，共同决定你的孩子是否能满足新的学区接受特殊教育的标准。各个学区以及各个州的标准并不完全相同，一个孩子或许在一个学区可以接受若干特殊教育服务，但在别的学区却不能。无论你居住在何处，都会有辅助你的孩子的相关程序，同时你也应该在家里对孩子进行帮助。

没有达到特殊教育标准

并非所有问题都能被州政府或学区受理，有许多孩子，他们的缺陷处在一个灰色地带。缺陷确实存在，却没有严重到达到所在州残疾学生的标准。在这种情况下，委员会会宣布学生不被批准接受特殊教育服务。有时，学生能转而申请504计划。但很多时候，学生或许并没有资格接受任何服务，这时家长便需要做出决定，是否要寻求私人的辅助并为此自掏腰包。并非所有家庭都有能力承担这些费用，不过所在社区或许能提供一些免费的或差额收费的辅助项目。家长可以向学校的校长、学校所在社区联络人或政府资助项目负责人咨询，看看有没有可行的项目可以帮助孩子。

特殊教育有自己的规定、流程以及达标标准，家长们要谨记。家长要与学校的心理医生进行深刻的讨论，决定特殊教育服务对孩子是否有利。孩子会接受测试，整个流程会在法定的时限内结束。在申请接受特殊教育资格的过程中，家长一直承担着一系列的责任。特殊教育能在学习层面极大地帮助孩子，但它并不是解决所有问题的灵丹妙药。有些孩子虽然在学习上存在缺陷，但并没有严重到让他们达到残疾学生的标准。无论特殊教育委员会会议的结论如何，结果都并非不可逆转，成功的大门也并非永远不能打开。家长可以在任何时候申请参与特殊教育委员会的会议，讨论他们对于孩子接受的特殊教育服务项目的看法。如果孩子不被批准接受特殊教育，家长可以在将来得到新的佐证材料后再次申请。作为家长，你应该密切关注孩子的动向，并在孩子需要时为他争取利益。

本章重点

- 即便孩子在学校里和家里都得到持续不断的帮助，也不一定就能取得进步；
- 家长应该与学校的心理医生进行严肃的讨论，决定孩子接受特殊教育是否真的合适；
- 家长要完全理解特殊教育的流程、达标标准、自己享有的权利和要承担的责任；
- 家长需要准备并参加特殊教育委员会的会议；
- 了解被推荐的特殊教育服务非常重要；
- 有许多孩子的缺陷并没有严重到达到接受特殊教育服务资格的标准；
- 如果孩子未被批准接受特殊教育服务，家长或许要寻求私人途径帮助孩子；
- 家长需要密切关注孩子的动向，并在孩子需要时为他争取利益。

要弄明白的问题

- 你的孩子表现如何？
- 你是否与心理医生充分地讨论过申请特殊教育服务的流程以及相关事项？
- 你是否愿意让孩子接受评估，从而申请特殊教育服务？
- 你能理解评估报告吗？
- 你知道特殊教育委员会的会议是如何运作的吗？
- 如果你的孩子得到批准，你是否清楚自己享有的权利以及要承担的责任？
- 如果你的孩子没有得到接受特殊教育的批准，你应该怎么做？

后记

从第一次翻开这本书起到现在，你已经学到了很多，开始时你或许感到担心、害怕、无助、尴尬，但现在你应该更加自信、乐观、充满希望且准备充分，你知道自己并非孤立无援。最重要的是，你能看到自己的孩子正一步一个脚印地取得进步。

孩子的学习也更加如鱼得水了，他学会了自我管理，这能帮助他学到其他至关重要的技巧。他掌握了如何在班里以及在家里有效学习的技巧，掌握了应对考试的技巧，学会了如何在自己紧张焦虑的时候冷静下来。孩子开始在学校里为自己争取权益，开始四下寻找学习的机会，无论是在学校、社区还是家里。他再一次充满动力，并渴望拼尽全力去努力。他看到自己的努力获得了回报，没有什么比这更鼓舞人心的了。学校对于孩子来说，又一次成了充满希望的地方。

家长的选择可以对孩子的学业产生重要的影响，家长能给孩子提供的支持太多了。家长可以给孩子一个有条不紊的生活环境、一个合适的学习场所、所有学习必需的工具以及对孩子取得成就的肯定。

当协助解决了孩子在学习方面的问题后，也应该满足孩子自身的需求。家长应该尽可能地帮助孩子充分利用社区中的资源，包括博物馆、图书馆、名胜古迹以及作业辅助网站，应该查清在学校里还有哪些帮助孩子的方法，比如老师额外的辅导、政府项目、以未批准身份接受专家辅导等，应该竭尽全力，确保没有任何在学习上能帮助孩子的措施被遗漏。

家长应该通过与老师合作解决一些困扰孩子的问题，以身作则地指导孩子如何解决问题。有些时候，老师告诉家长他的孩子在学业上存在问题时，家长会拒绝接受一切孩子负面的信息，以对抗的心态与老师对话。或许你一直以来都是这样的家长，也有可能你曾有意做这样的家长。但是通过与老师、孩子倾力协作来确定一个有建设性的行动计划，对教育孩子通过合作解决问题来说是一堂不可多得的实践课程。类似的尝试可以帮助孩子学会如何自己想办法解决遇到的困难。

家长以身作则能鼓励孩子，让他自发地为自己争取需要的东

西。孩子的表现对于能否成功也有着不可或缺的作用。他必须学会提问题，必须掌握适当的学习技巧，必须明白如何去应对考试。就算家长表现得再积极、再活跃，要是孩子没有动力自发地去学习，一切也于事无补。一个学生想在学校里取得成功，必须能与家长组成一个默契的小组。小组需要能在很长一段时间里持续不断地合作，仅靠临时抱佛脚是不可能取得成功的。小组中的成员需要时刻鼓励彼此。

你并非孤立无援，你孩子所在学校的工作人员可以为你提供帮助，在平时的校园生活中一直如此。同样，校方人员会为你孩子取得的进步感到由衷的高兴，也会在你的身边与你一同为孩子喝彩。虽然形式会不断变化，但学习会贯穿人的一生。挑战也同样并非永远不变。凭借老师与家长倾力协作提供的帮助，你的孩子一定能掌握他所需要的知识，从容地面对挑战，祝你与你的孩子好运。

致谢

在我与众多家长合作，为他们排忧解难的这15年里，写这本书的念头一直萦绕于我的脑海。家长们日复一日地表示自己想让孩子在学校里做得更好，却不知从何下手。他们常常会说，希望自己的孩子能跨越阻碍，在学校里顺风顺水。虽然家长明白特殊教育服务对很多学生大有裨益，但他们还是希望自己的孩子能接受常规教育，并一帆风顺。

我想感谢所有和我合作过的家长和学生，感谢他们对我工作的支持与信任；我想感谢所有和我合作过的心理医生和老师，感谢他们为学生做的咨询和提出的建议，这么多年来帮我提炼接触到的信息，写成了这本书；有很多优秀的同事帮助过我，但是我要尤其感谢法伊佳·林格尔（Fayga Ringel）女士、蕾娜·露丝布伦（Rena Rosenblum）女士、卡瓦纳·里德-贝利肯（Kawana Reed-Perricone）博士、贝阿特丽丝·阿尔波特（Beatrice Alpert）博士、

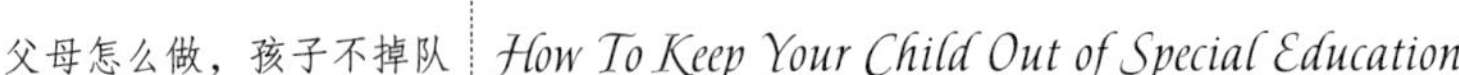

莫顿·弗兰克（Morton Frank）博士、丹尼斯·费因斯坦（Dennis Feinstein）先生和詹姆斯·休斯（James Hughes）先生。

同时也感谢敏蒂·吉宾斯-克雷恩（Mindy Gibbins-Klein）带给了我创作的灵感，让这本书最终得以写成。感谢费恩·斯宾纳佐拉（Fern Spinazzola）和艾伦·威尔金森（Eileen Wilkinson），他们站在家长的角度给我的原稿提出了很多建议。

最后，感谢我的家人，感谢他们在我创作的过程中，一直鼓励和支持我。

参考文献

Diament, M. (2009, April 23). Poor Graduation Rates, Racial Disparities Persist In NYC Special Ed., Report Says. *Disability* Scoop.

Retrieved from http://www.disabilityscoop.com Gordon, T. (1989). *Teaching Children* Self-*Discipline*. New York: Times Books.

Gustafson, C. (2009, March, 6). Program Helps Parents with Reading Skills. *Greenwich Time*, pp. A1, A4.

Medina, J. (2009, October 16). Students Held Back Did Better. *The New York Times*, p. A22.

Saulny, S. (2005, June 3). Study on Special Education Finds Low Graduation Rate. *The New York Times*. Retrieved from http://nytimes.com.

Schemo, D. J. & Medina, J. (2007, October 27).Disabilities Fight Grows as Taxes Pay For Tuition. *The New York Times* (National),pp.

A1, A14.

Smith, T. E. C. & Patton, J. R. (1998). *Section 504 and Public Schools*. Austin, TX: Pro-ed.